CB032108

# ALEXANDRE,
# O GRANDE

Título original:
*Alexander the Great*


Tradução autorizada a partir da edição original inglesa
publicada pela Routledge, membro do Taylor & Francis Group

TRADUÇÃO
Ana Paula Lopes

REVISÃO
Luís Abel Ferreira

DESIGN DE CAPA
FBA

ILUSTRAÇÃO DE CAPA
Gravura de Alexandre, o Grande, por J. Chapman (1796)
© Corbis/VMI

DEPÓSITO LEGAL Nº 280408/08

PAGINAÇÃO, IMPRESSÃO E ACABAMENTO
Pentaedro, Lda.
para
EDIÇÕES 70, LDA.
Julho de 2008

ISBN: 978-972-44-1469-0



EDIÇÕES 70, Lda.
Rua Luciano Cordeiro 123, 1º esq,
1069-157 Lisboa, Portugal
Telfs. 213 190 240, Fax. 213 190 249
e-mail. geral@edicoes70.pt

www.edicoes70.pt

RICHARD STONEMAN

# ALEXANDRE, O GRANDE

70

# PREFÁCIO

Existem muitos livros sobre Alexandre o Grande e o objectivo deste é modesto: introduzir os leitores aos aspectos mais notáveis da sua vida e aos principais problemas das fontes, bem como proporcionar o caminho para um estudo mais aprofundado sobre Alexandre. Enfatizei, talvez mais do que é habitual, a importância do impacto de Alexandre no mundo que se lhe seguiu, quer em termos de lendas e filosofias, quer em práticas políticas. Mais do que a maioria das figuras históricas, Alexandre tem uma vida com ressonâncias até aos nossos dias, principalmente na Grécia contemporânea e nos seus vizinhos Balcãs, onde a sua fama ainda hoje se presta a propósitos ideológicos.

Agradeço aos editores da série o seu convite para nela contribuir e os comentários sobre a versão inicial; também agradeço a David Shotter pelas suas críticas cuidadosas sobre estilo e apresentação. Michael Whitby leu o texto completo com grande atenção e é responsável por muitas melhorias. Os erros que permanecem são meus.

Revi todo o texto nesta segunda edição, bem como corrigi alguns erros que foram apontados pelos revisores. As mudanças mais substanciais foram as seguintes: seguindo os comentários de vários leitores, expandi a análise das fontes, da numismática, das duas batalhas principais – Issus e Gaugamela –, do Decreto dos Exilados, e do impacto de Alexandre nos mundos grego e romano posteriores. Heleen Sancisi-Weerdenburg, numa recensão crítica valiosa, chamou a atenção para a reavaliação do opositor persa de Alexandre por Pierre Briant e tal possibilitou-me dar uma visão mais completa da perspectiva persa em vários locais.

A análise académica sobre Alexandre não fica por aqui: esta obra permanece uma tentativa de apresentar, num espaço compacto, o estado do conhecimento e as abordagens várias dos académicos na altura em que foi escrita.

# ABREVIATURAS

| | |
|---|---|
| App. *Sir.* | Apiano, *História da Síria* |
| Arr. *Anab.* | Arriano, *Anabasis* (Expedição de Alexandre) |
| Cúrc. | Quintus Curtius Rufus, *Historiae Alenxadri Magni* |
| Diod. Sic. | Diodorus Siculus (Diodoro Sículo) |
| Estrabão | Estrabão, *Geografia* |
| FGrHist | *Fragmente der griechschen Historiker*, ed. F. Jacoby (as citações dão o nome do autor, F de «fragmento", seguido de número do fragmento) |
| Josephus, *AJ* | Flavius Josephus (Flávio Josefo), *Antiguidades Judaicas* |
| Just. | Justino, *Epítome* (de Pompeio Trogus) |
| Plínio, *NH* | Plínio, *Naturalis Historia* |
| Plut. *Alex.* | Plutarco, *Vida de Alexandre* |
| Plut. *de fort. Alex.* | Plutarco, *de fortuna Alexandri* |

| | |
|---|---|
| Séneca, *QN* | Séneca, *Questões Naturais* |
| *AJAH* | *American Journal of Ancient History* |
| *CQ* | *Classical Quarterly* |
| Entretiens Hardt | *Entretiens de la Fondation Hardt* |
| *JHS* | *Journal of Hellenic Studies* |
| *PACA* | *Proceedings of the African Classical Association* |
| *Sb Akad. Berlin* | *Sitzungsberichte der Akademie der Wissenschaften zu Berlin* |
| *TAPA* | *Transactions of the American Philological Association* |

# GENEALOGIA

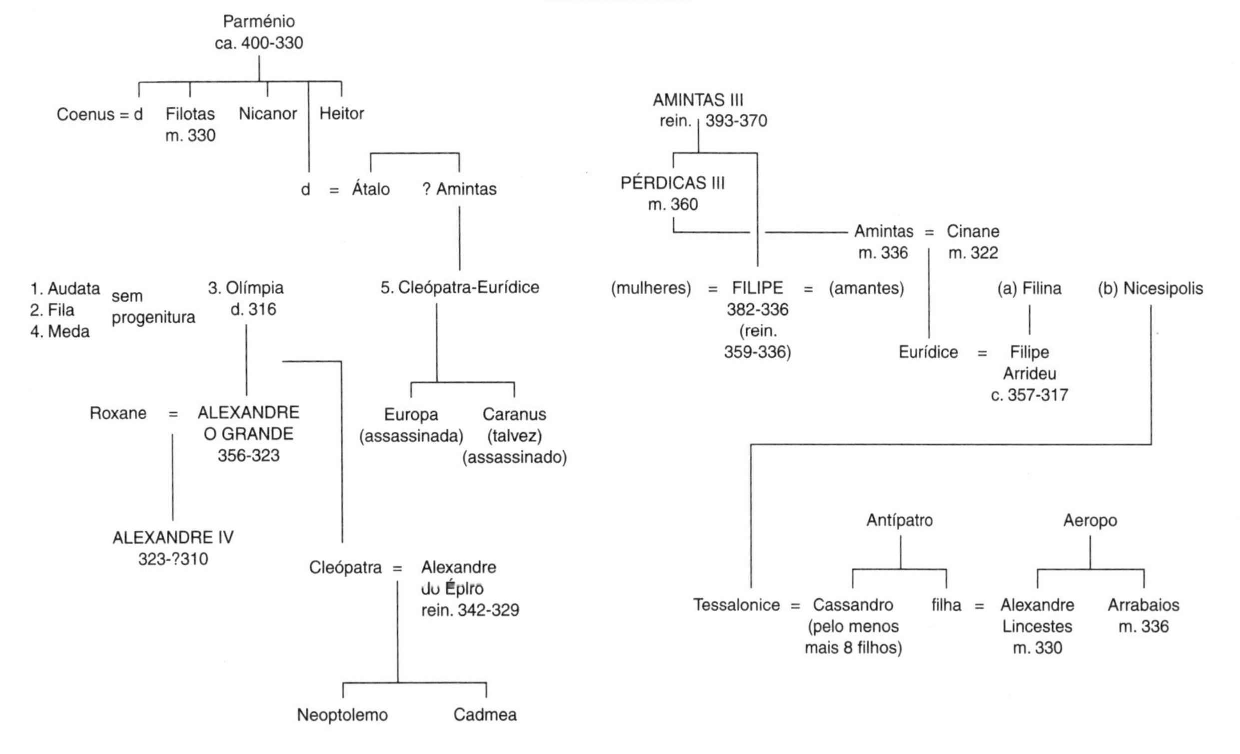
Parménio
ca. 400-330
Coenus = d
Filotas
m. 330
Nicanor
Heitor
d = Átalo
? Amintas
1. Audata
2. Fila
4. Meda
sem
progenitura
3. Olímpia
d. 316
5. Cleópatra-Eurídice
Roxane = ALEXANDRE
O GRANDE
356-323
Europa
(assassinada)
Caranus
(talvez)
(assassinado)
ALEXANDRE IV
323-?310
Cleópatra = Alexandre
do Épiro
rein. 342-329
Neoptolemo
Cadmea
AMINTAS III
rein. 393-370
PÉRDICAS III
m. 360
Amintas = Cinane
m. 336
m. 322
(mulheres) = FILIPE = (amantes)
382-336
(rein.
359-336)
(a) Filina
(b) Nicesipolis
Eurídice = Filipe
Arrideu
c. 357-317
Antípatro
Aeropo
Tessalonice = Cassandro
(pelo menos
mais 8 filhos)
filha = Alexandre
Lincestes
m. 330
Arrabaios
m. 336

# CRONOLOGIA

| a.C. | |
|---|---|
| 359 | Filipe torna-se rei da Macedónia. |
| 357 | Filipe casa com Olímpia. |
| 356, Julho | Nascimento de Alexandre. |
| 338, Setembro | Batalha de Craerónia. |
| 337 | Filipe casa com Cleópatra. |
| 336, Verão | Filipe é assassinado por Pausânias; ascensão de Alexandre. |
| | Ascensão de Dario III na Pérsia. |
| 335 | As campanhas de Alexandre nos Balcãs. |
| 335, Outubro | O saque de Tebas. |
| 334, Primavera | Alexandre parte para a Ásia; Antípatro é designado regente. |
| 334, Maio | Batalha de Granico. |
| 334-333 | Conquista da Ásia Menor. |
| 333, Primavera | Alexandre em Górdio. |

| | |
|---|---|
| 333, Outono | Alexandre tem febre em Tarso. Fuga de Hárpalo. |
| 333, Novembro | Batalha de Isso. |
| 333-332 | Conquista do Levante. |
| 332, Janeiro a Julho | Cerco de Tiro. |
| 332-331 | Alexandre no Egipto. |
| 331, Verão | Travessia do Eufrates. |
| 331, Setembro | Travessia do Tigre. |
| 331, 20 de Setembro | Eclipse lunar. |
| 331, 1 de Outubro | Batalha de Gaugamela. |
| 331-330, Inverno | O exército da Macedónia em Persepólis. |
| 330, Primavera | Mudança para Ecbatana. |
| 330, Verão | Morte de Dario. Hárpalo regressa à Babilónia. |
| 330, Outono | É descoberta, em Frada, a «Conspiração de Filotas». Execução de Filotas e do seu pai Parménio. |
| 329, Primavera | Travessia do Hindu Kush; captura de Bessus. |
| 329-328 | Alexandre em Maracanda; fundação de Alexandria; campanhas em Sódgia (possivelmente). |
| 328, Outono | Alexandre mata Cleito. |
| 328-327, Inverno | Supressão de Spitamenes. |
| 327, Primavera | Conquista da Montanha de Sódgia; casamento de Alexandre e Roxana. |
| 327-inícios de 326 | Reorganização do exército. Missões de Taxiles. Visitas a Nisa. |
| 326, Primavera | Chegada a Taxila. Batalha em Hidaspes. |
| 326, Nov./Pri. de 325 | Viagem pelo Indo. Cerco da cidade de Mali. |

| | |
|---|---|
| 325, Primavera | Chegada a Patala. |
| 325, Setembro | Alexandre começa uma marcha pelo deserto de Gedrósia. |
| 325, Outono | Chegada a Carmânia. |
| 324, Fevereiro | Casamentos em Susa. |
| 324, Julho | Revolta em Ópis. Decreto dos Exilados. |
| 324, Outubro | Morte de Hefestion em Ecbatana. Assassinato de Hárpalo (aproximadamente). |
| 323, Primavera | Alexandre chega a Babilónia. |
| 323, 10 de Junho | Morte de Alexandre. |
| 323, Agosto | Nascimento de Alexandre IV. Guerra Lamíaca. |
| 321 | Morte de Cratero e de Pérdicas. |
| 317, Setembro | Assassinato de Filipe III por Olímpia. |
| 316 | Execução de Olímpia. |

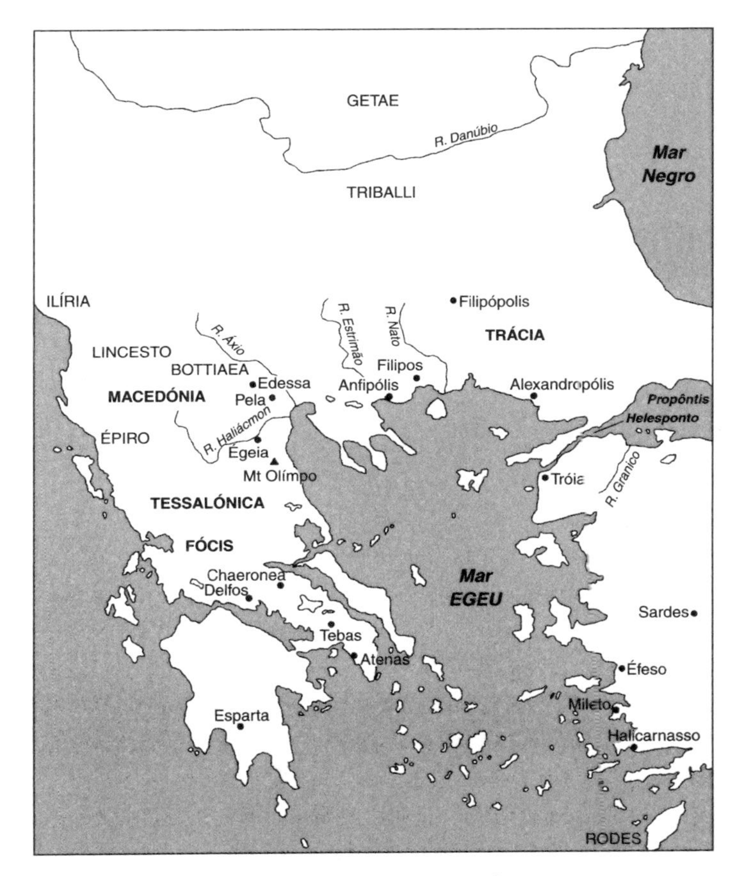


Mapa 1. A Macedónia e as terras circunvizinhas.

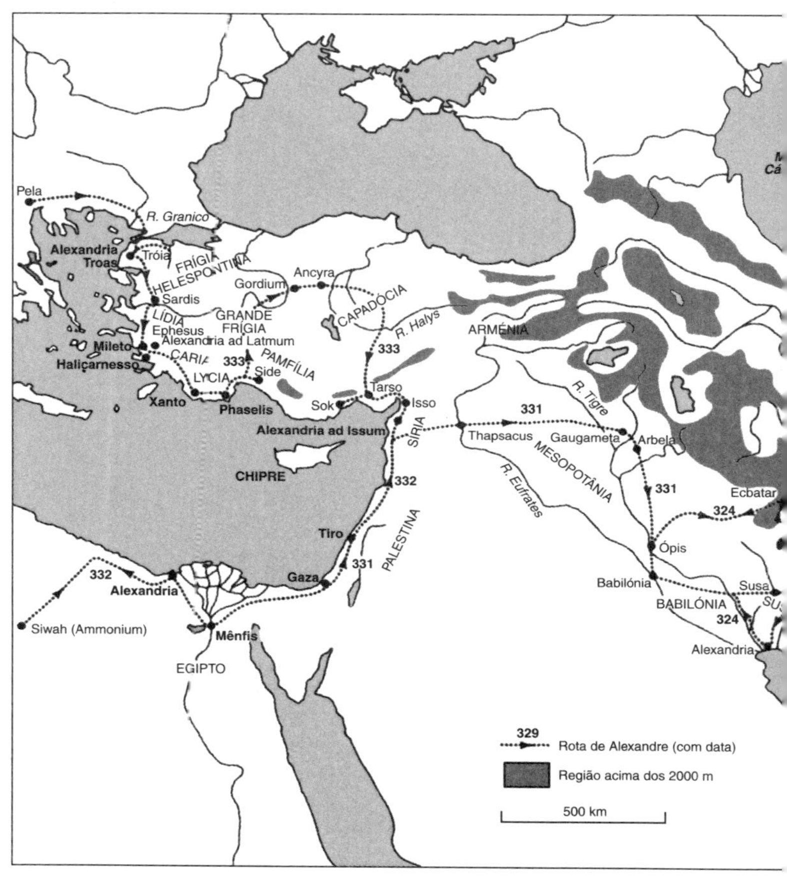


Mapa 2. As campanhas de Alexandre (334-323 a.C.).

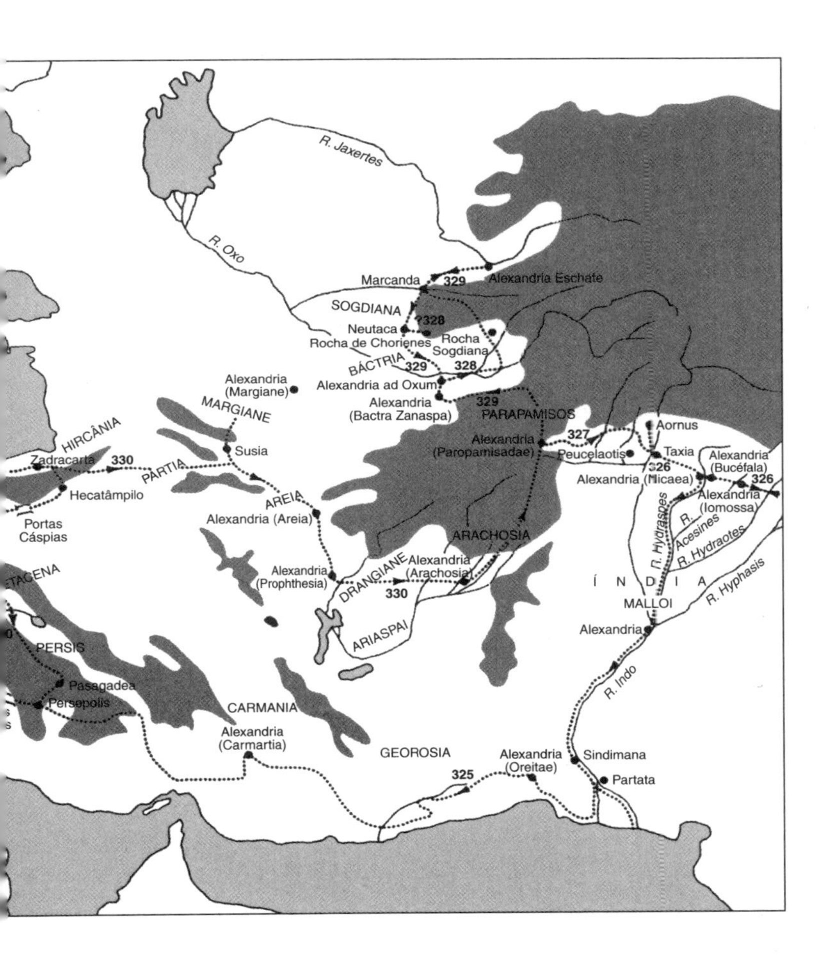
R. Jaxertes
R. Oxo
Marcanda
329
Alexandria Eschate
SOGDIANA
?328
Neutaca
Rocha de Chorienes
Rocha
Sogdiana
BÁCTRIA
329
328
Alexandria
(Margiane)
Alexandria ad Oxum
MARGIANE
Alexandria
(Bactra Zanaspa)
329
PARAPAMISOS
HIRCÂNIA
Zadracarta
330
PARTIA
Susia
Hecatâmpilo
AREIA
Alexandria (Areia)
Portas
Cáspias
Alexandria
(Paropamisadae)
327
Aornus
Peucelaotis
Taxia
326
Alexandria
(Bucéfala)
Alexandria (Nicaea)
326
Alexandria
(Iomossa)
R. Hydraspes
R. Acesines
R. Hydraotes
ARACHOSIA
Alexandria
(Prophthesia)
DRANGIANE
Alexandria
(Arachosia)
330
ÍNDIA
R. Hyphasis
MALLOI
Alexandria
ARIASPAI
PERSIS
Pasagadea
Persepolis
CARMANIA
Alexandria
(Carmartia)
R. Indo
GEOROSIA
Alexandria
(Oreitae)
325
Sindimana
Partata

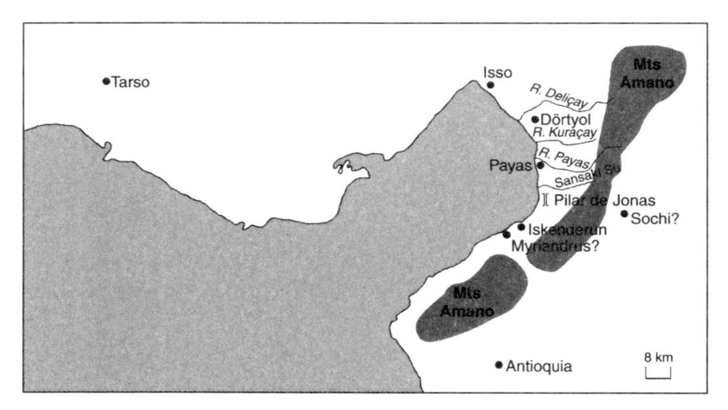


Mapa 3. Arredores de Isso.

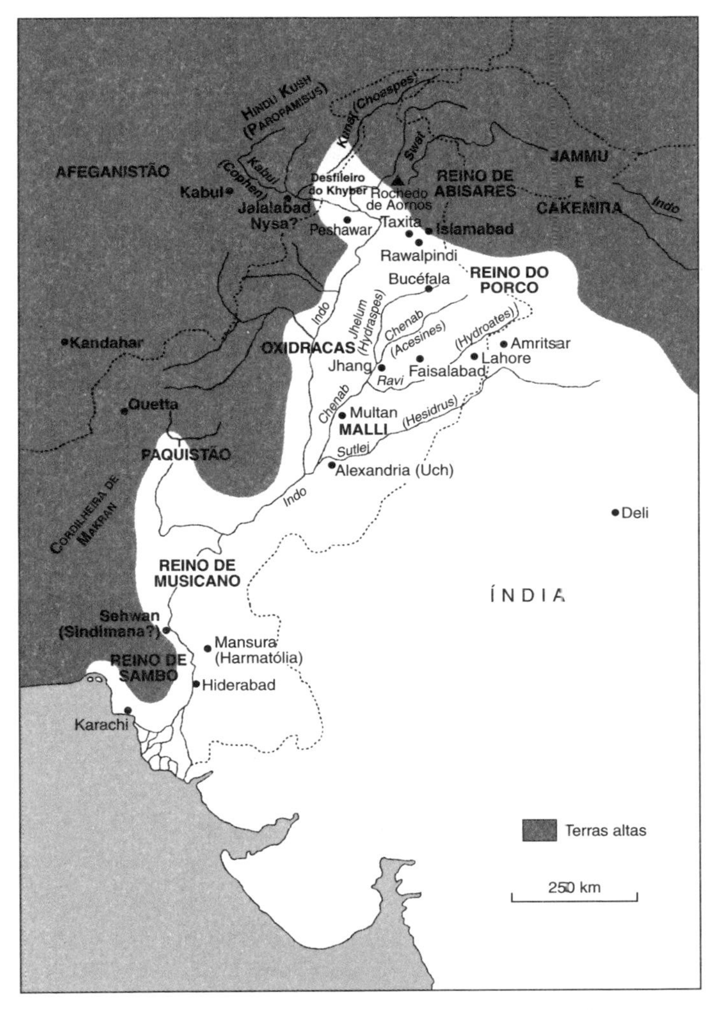


Mapa 4. Paquistão, com os locais visitados por Alexandre.

Tetradracma de Alexandre. A cabeça de Héracles envergando uma pele de leão, no anverso, parece ter as feições de Alexandre. A outra face mostra um Zeus sentado, e o nome de Alexandre escrito na vertical. Colecção do Autor.

# 1

# INTRODUÇÃO: AS FONTES

Alexandre, o Grande nasceu no Verão de 356 a.C. e morreu 33 anos depois, no mês de Daisios (Junho) em 323 a.C. Era filho de Filipe, rei da Macedónia, uma região fértil e predominantemente pastoril a norte da Grécia clássica. Morreu na Babilónia, filho – segundo alguns autores e talvez segundo a sua própria crença – do deus Zeus-Ámon e soberano da maior parte do mundo conhecido situado a este e a sul da Grécia. Num reinado de treze anos, onze dos quais passados fora do seu país e da sua capital, em campanhas por regiões até então inexploradas, criou um novo mundo que, embora fosse politicamente instável, representava uma mudança cultural radical no Próximo Oriente. Dominando rapidamente as cidades-estado da Grécia clássica e imbuído de uma grande admiração pela cultura grega, levou, quase por acaso, a língua e a civilização gregas para as regiões por onde passava. Conquistou o Império Persa, que incluía não só as terras iranianas mas também todas as regiões de língua semítica entre as Montanhas Zagros e o Mar Mediterrâneo, bem como a Ásia Menor com a sua população mista de gregos, lícios, cários e vários outros povos.

O mundo que deixou, dividido como foi entre vários reis que lhe sucederam, manteve a língua grega como meio de comunicação e a cultura grega como estrutura de referência. O Império Persa usou o aramaico como língua franca, mas o grego abarcava agora uma área mais vasta do que aquela onde o aramaico era falado. E a língua e cultura gregas – o Helenismo – proporcionava o meio para o estabelecimento de domínios subsequentes mais abrangentes e duradouros, antes de mais, o do Império Romano. A divulgação do Cristianismo mal podia ser imaginada sem as conquistas de Alexandre, o Grande. Segundo algumas perspectivas, o mundo helénico durou até à queda de Bizâncio em 1453 d.C., ou teria mesmo terminado apenas com o Tratado de Roma em 1956.

Reconhecer estas conquistas não é declarar que constavam nas intenções de Alexandre. Quando, ainda jovem ambicioso e romântico com uma personalidade virada para a estratégia e táctica militares, embarcou na conquista do Império Persa, podia não ter mais nada em mente do que corrigir as antigas crenças erradas impingidas pelos Persas aos Gregos. A ideia da conquista do mundo pode ter surgido depois. Tal como em relação a todas as pessoas no mundo antigo, infelizmente dispomos apenas de informações inadequadas a partir das quais podemos aceder aos interesses pessoais de Alexandre, aos seus ideais, às suas esperanças e motivações. Tem sido dito que o maior problema nos estudos de Alexandre são as fontes (Badian 1976, 297; Hammond 1983, 166). Devido às dificuldades em avaliar as fontes de que dispomos, as interpretações modernas variam bastante (Robinson 1953, 1; ver a análise no Capítulo 1).

Alexandre não deixou escritos oficiais seus (embora algumas das cartas que lhe são atribuídas possam ser genuínas), e não temos mais do que fragmentos de autores contemporâneos que descreveram a sua vida. E estes são vários. A sua expedição foi acompanhada por uma comitiva de intelectuais, incluindo os bematistas (que anotavam os passos da expedição todos os dias), um historiador oficial (Calístenes), dois filósofos (Onesícrito e Anaxarco), bem como cientistas para estudar a geografia, a etnografia e a fauna das regiões por onde passavam.

A estes trabalhos sucederam-se histórias escritas pouco tempo depois da morte de Alexandre por aqueles que o acompanhavam. Todas estão perdidas e apenas temos conhecimento delas mencionadas por autores de relatos completos datando do século I a.C. e mais tarde. Como se pode esperar, estes trabalhos reflectem pontos de vista morais bastante diferentes, desde a admiração pelo grande líder à desaprovação do tirano corrompido pela fortuna. Não é tarefa fácil penetrar nas várias opiniões combinadas para obter uma visão mais clara do mundo mental de Alexandre – e é provavelmente impossível. A sua vida levanta, assim, de uma forma particularmente aguda, a questão da crítica das fontes, e qualquer pessoa que se disponha a estudar Alexandre deve ter em atenção as vias e os canais através dos quais a informação chegou até nós. O que resta desta introdução concentrar-se-á num esboço das principais fontes de informação sobre Alexandre e nas avaliações e preconceitos que elas sobrepoem às informações.

Não é necessário dar muita atenção aos bematistas. São poucos os seus fragmentos e o seu trabalho era o de registar os pormenores mundanos das expedições. Os textos foram escritos provavelmente depois da morte de Alexandre. Mais curioso é o caso dos Diários Reais (*Efemérides*) que, à primeira vista, podem parecer provas em primeira-mão muito exactas sobre a vida de Alexandre. Contudo, apenas se conhece uma passagem longa deles, que se refere aos últimos dias de Alexandre, e é possível que apenas transcorram os últimos meses da sua vida. A sua genuinidade tem sido muitas vezes posta em causa e será analisada no Capítulo 7, onde têm relevância para a narrativa. Apenas Hammond os aceita como uma fonte genuína, estando atrás de Ptolomeu e por conseguinte de Arriano. O Testamento de Alexandre é algo completamente forjado mais tarde e os «Últimos Planos» relatados por Diodoro foram também alvo de um cepticismo considerável, embora as opiniões actuais pareçam favorecer a sua genuinidade (mais uma vez, ver a análise no Capítulo 7).

Daqueles que acompanharam a expedição de Alexandre, vale a pena mencionar Cares de Mitilene, o seu camareiro, autor das «Histórias de Alexandre» e alguns outros autores de relatos pontuais – Medeio de Larissa, Policlito de Larissa e Efipo de Olinto, o sobrinho de Aristóteles, participando também na expedição pela sua capacidade jornalística de escrever a história à medida que avançava. O que chegou até nós mostra claramente uma perspectiva de grande louvor a Alexandre. Porém, Calístenes, tal como muitos gregos, não aprovava absolutamente as formas de orientação que Alexandre adoptou após a derrota final e morte do rei persa Dario. Estava implicado na Conspiração dos Pajens (Primavera de 327) e foi executado. O último acontecimento atestado tratado na sua história é a batalha de Gaugamela, embora tivesse durado até 328. O seu nome ficou ligado ao *Romance de Alexandre* por razões que são difíceis de compreender.

Foram também escritas histórias completas da expedição por vários funcionários de Alexandre. Onesícrito, um filósofo cínico que acompanhou a expedição e que entrevistou os ascetas indianos em Taxila em nome de Alexandre, forneceu informação abundante sobre os assuntos indianos e sobre a História Natural. Nearco, que comandou a frota que navegou desde o território indiano até à Babilónia, também proporcionou muita informação acerca da Índia. Dois escritores de particular importância são Ptolomeu e Aristobulo, ambos tendo adoptado uma visão oficial, em geral favorável, de Alexandre. O relato de Ptolomeu era amplamente dedicado à esfera militar e, quando Arriano sugere que está a utilizá-lo, temos de o levar a sério. Os interesses de Aristobulo eram mais variados e a sua opinião acerca dos funcionários de Alexandre era mais moderada do que a de Ptolomeu, mas pode esperar-se, de igual modo, que ele seja tão bom nos pormenores factuais e práticos como nos logísticos.

Por fim, existe Cleitarco, cuja relação com Ptolomeu e com Aristobulo não é clara: a sua obra, dividida por doze livros, foi provavelmente escrita antes do final do século IV, mas não houve consenso sobre se ele acompanhou a expedição ou não. A probabilidade parece pender para que estivesse com Alexandre na Babilónia, se não mesmo antes na expedição.

Cleitarco é muito importante por ser a fonte mais recente da tradição da vulgata sobre Alexandre, o Grande, representada por Diodoro, Cúrcio e Justino. Cleitarco tinha propensão para registar tudo o que fosse belo, um dom não observável em outros historiadores antigos. É o único autor – tanto quanto podemos saber da origem dos escritos que restam dos historiadores – a fazer de Alexandre o filho do deus Ámon. No geral, o autor procura glorificar Alexandre e normalmente também exagera o papel de Ptolomeu (por motivos que não são claros, embora escrevendo ele na Alexandria de Ptolomeu talvez se encontre neste facto uma explicação).

A paixão pelo maravilhoso evidenciada por Cleitarco contaminou o *Romance de Alexandre* de forma marcada. Este é um romance fantástico e histórico, provavelmente datando de uma geração ou duas após a morte de Alexandre. Não tem qualquer utilidade como história, embora por vezes apoie conclusões extraídas de outros historiadores. Muitos dos acontecimentos do romance são «revelações» de desejos manifestados por Alexandre nos historiadores da Vulgata, tais como a sua conquista da Etiópia ou alcançar o extremo do mundo. Mas o *Romance* não pode ser ligado à tradição iniciada por Cleitarco: contém demasiado material próprio. O essencial da obra é uma «história da fundação» da cidade de Alexandria, mas também evidencia um forte tom moral respeitante ao desejo que o Alexandre ficcional sente pela imortalidade.

A famosa tradição da Vulgata contém várias histórias completas sobre o reinado de Alexandre, tendo todas utilizado uma selecção destes autores agora perdidos, mas escritas vários séculos depois. Estas são as partes relevantes da história universal escrita por Diodoro da Sicília conhecida como *Bibliotheca*: a *História de Alexandre* por Quintus Curtius Rufus (provavelmente do século I d.C.); e as *Histórias de Filipe* por Pompeio Trogo (século I a.C.), preservada apenas numa versão resumida («*epítome*») por Justino (provavelmente antes de 230 d.C.). Embora tenhamos pois um vasto leque de descrições detalhadas acerca dos acontecimentos (e que geralmente não entram em conflito radical entre elas), a interpretação é, no mínimo, em segunda-mão.

Outros autores que estão por detrás da Vulgata, que são utilizados apenas por Diodoro, incluem o obscuro Dilo, que forneceu um esquema da narrativa, e Efipo, que escreveu sobre as mortes de Alexandre e de Filipe. Para o período que se seguiu à morte de Alexandre, Diodoro dedicou-se a Jerónimo de Cárdia. Por fim, existe uma breve história latina sobre Alexandre datando provavelmente do século V d.C., conhecida como a *Epítome de Metz* porque o único manuscrito estava em Metz, até ser destruído pelas bombas na Segunda Guerra Mundial. Esta obra contém itens ocasionais que despertam interesse, nomeadamente a ideia de que um filho de Roxana morrera no Verão / Outono de 326. Também do século V, o *Itinerarium Alexandri*, dirigido ao Imperador Constantino por ocasião da sua expedição pela Pérsia, é um resumo sem novidades sobre relatos mais antigos.

A alternativa à Vulgata é representada por Arriano (c. 86-160 d.C.), um filósofo, senador e militar que escreveu em grego no reinado de Adriano (117-138). O seu trabalho mais extenso foram os 17 livros da história das campanhas de Trajano na Pártia, um imperador bastante obcecado com a conquista do Oriente e com o exemplo de Alexandre. No seu *Anabasis de Alexandre*, Arriano escreve de forma admirável, mas não acriticamente, sobre Alexandre e rejeita todos os elementos fabulosos que abundaram nos outros autores. Afirma claramente que tomou como suas principais referências Aristobulo e Ptolomeu, dando como explicação da sua preferência pelo último: «como rei, seria improvável que mentisse». Devemos a Arriano a identificação da personalidade enérgica de Alexandre: o seu *pothos* ou «desejo», a sua vontade constante de ir mais longe, o que parece explicar muitas das suas acções. Arriano é, no geral, visto como a base mais fiável para a construção de uma narrativa sobre a vida de Alexandre, mas tem de se salientar que o seu trabalho, tal como muitos dos outros trabalhos existentes, é secundário.

A última fonte a que se pode recorrer é a *Vida de Alexandre* escrita como parte da sua série de *Vidas Paralelas* por Plutarco (cerca de 50-120 d.C.). Plutarco teve acesso àquilo que descreve como uma grande quantidade de correspondência do próprio Alexandre, parte dela provavelmente genuína; fez dela muito uso, uma vez que o seu principal objectivo era o de construir um retrato moral de Alexandre, em vez de uma história sequenciada. Revelar acontecimentos pontuais é mais valorizado do que a narrativa meticulosa. A *Vida* contém bastante material válido e aprofunda consideravelmente o retrato apresentado nos ensaios juvenis do próprio Plutarco «Sobre o destino de Alexandre». Estes reflectem a tradição de compor exercícios de retórica moralizadores sobre o tema de Alexandre, tais como estão presentes nas obras do Velho e Jovem Séneca (século I d.C.) e do orador Dio Crisóstomo (século II, um contemporâneo de Trajano).

Os historiadores hoje em dia geralmente completam os registos dos autores da Antiguidade com as descobertas de arquelogia, incluindo o estudo de inscrições, esculturas e moedas. No caso de Alexandre, tais fontes têm um valor limitado. Os vestígios mais importantes de uma cidade, Alexandria no Egipto, estão completamente cobertos pela Alexandria moderna e não podem ser investigados. Muitas das outras Alexandrias que ele fundou não estão localizadas e aquelas que estão – talvez Ai Khanum, com certeza Merv, Herat e Kandahar – não estão aptas a ser exploradas e de qualquer forma talvez revelassem pouco. (Algumas delas podem até nem datar do reinado de Alexandre, mas ser fundações de Seleuco I.) O facto de Tiro estar agora permanentemente ligada à terra principal através do paredão construído por Alexandre para o seu cerco da cidade de seis meses em 332 é impressionante mas não particularmente revelador. As inscrições aí presentes são, na sua grande maioria, dedicatórias simples (tais como aquela do Templo de Atena reconstruído em Priene, que está agora no Museu Britânico). Pode ganhar-se um pouco mais a partir do estudo das moedas (ver pp. 124, 142). De modo a poder pagar aos seus soldados e mercenários, Alexandre fabricava literalmente centenas de milhar de dracmas de prata (dracmas e tetradracmas). Todos foram cunhados utilizando o modelo ático (ao contrário do modelo macedónio de Filipe) nos locais estabelecidos por Alexandre no Império Ocidental, sendo o ponto mais oriental a Babilónia. Aqui, não havia locais para cunhar as moedas, e objectos como os medalhões comemorativos de Pórus parecem ter uma qualidade inferior, cunhadas em oficinas móveis. Temos de supor que, nestas regiões, as suas necessidades gerais de dinheiro eram superadas através do uso continuado de dáricos persas.

As moedas apresentavam, a cada um dos seus súbditos, o nome de Alexandre associado ao de Héracles, na sua pele de leão, no anverso, e com uma imagem de Zeus sentado, no reverso. Foi apenas depois da morte de Alexandre que o retrato de Héracles nas moedas foi adoptado pelos governantes para representar Alexandre com os chifres de Ámon. Mas a sua imagem foi apresentada aos seus súbditos através de vários trabalhos de pintura e escultura. O retrato de Lísipo parece ter definido um padrão escultural, enquanto, para a pintura, Apeles era o artista preferido de Alexandre. Estes trabalhos estabeleceram exemplos para os retratos dos chefes helénicos durante os dois séculos que se seguiram. Contudo, uma proposta feita por Denócrates para esculpir todo o Monte Atos com a forma de uma estátua gigante de Alexandre foi (felizmente) rejeitada pelo rei.

Assim, as provas directas sobre a vida de Alexandre são escassas e problemáticas. O que temos é uma quantidade enorme de provas secundárias. A estrutura factual e cronológica pode ser reconstruída com uma consistência razoável: a interpretação contudo permanece algo mal fundamentada, e mesmo em acontecimentos históricos importantes, tais como a culpa ou a inocência dos conspiradores contra Alexandre (Filotas, Calístenes), não se chegou a qualquer conclusão definitiva. Mas resta o suficiente para não haver qualquer dúvida de que, ao lidarmos com Alexandre, deparamos com uma das raras figuras históricas que pode ser acusada de ter mudado o mundo irrevogavelmente. Tal facto pode justificar a imortalidade do seu nome e da sua lenda, ao longo dos tempos, a uma escala quase sem paralelo.

Os nomes de muitos académicos modernos aparecerão nestas páginas para analisar os assuntos importantes, quando as opiniões divergem. Assim, vale a pena salientar brevemente o modo como as visões de Alexandre se desenvolveram ao longo de século e meio, desde o início da ciência histórica moderna. O seguinte resumo centra-se principalmente no artigo incontornável de Ernst Badian, «Some recent interpretations of Alexander» (1976).

O primeiro grande tratamento académico da vida de Alexandre foi o de J. G. Droysen (2.ª edição, 1877), que via Filipe e Alexandre como os Bismarks da época, unindo o Mundo sob a liderança helénica e agindo de acordo com uma espécie de plano divino para unificar a Terra e enchê-la do espírito da pólis grega. Este permaneceu o ponto de vista dominante, com algumas alterações, com os trabalhos mais sóbrios de Ulrich Wilcken (1922) e de W. W. Tarn (1948), que Badian descreve como «Droysen traduzido para o inglês do rei». Para Tarn, Alexandre não podia errar; muito poucas falhas são admitidas na sua personalidade imaculada e heróica, e foi-lhe entregue a missão de não só levar a cultura grega ao resto do mundo, mas também a de transformar toda a humanidade em unidade e irmandade.

Figura 1. Uma reconstrução imaginária, pelo arquitecto do século XVIII Johann Bernard Fischer von Erlach, da remodelação proposta do Monte Atos como uma estátua de Alexandre.

Este ponto de vista é pouco menos extravagante do que o mais antigo de F. Schachermeyr, expresso na sua obra *Indogermanen und Orient* de 1940, que propunha uma interpretação racial de influência nazi e via a «mistura de culturas» como uma perigosa «Confusão de Sangue». Na sua obra posterior, Schachermeyr repudiou este ponto de vista ideológico e, na sua obra de 1973, e em outros estudos associados, apresenta Alexandre como um construtor da História, «titânico mas imperfeito».

A obra de Badian, de 1958 em diante, representou um desvio decisivo do pêndulo. Profundamente influenciado pela visão da ascensão nazi ao poder e do totalitarismo, Badian interpretou Alexandre como um tirano completo, sem piedade e cruel. Fala dos últimos anos de Alexandre como um «reinado de terror» e apresenta-o como um rei mau com poucas características redentoras. Mais, a obra de Badian tem servido também para afastar a ideia de que Alexandre tinha uma «missão» helénica, em parte ao salientar o domínio continuado de Macedónios, e não de Gregos, na sua elite governativa, e em parte ao concentrar-se nas políticas de poder da carreira de Alexandre. Talvez os últimos representantes da crença nesta missão foram Victor Ehrenberg (1938) e Tarn (1948).

Talvez seja mais natural aceitar que os gostos modernos tenham esta visão do conquistador do que a atitude anterior de idolatria do herói, e certamente influenciou os académicos mais recentes, dos quais o mais importante é agora A. B. Bosworth. O trabalho de Bosworth, desde 1970, ao mesmo tempo que rejeitava o tom moralista mais aberto de Badian, fez certamente muito para enfatizar os aspectos negativos do domínio de Alexandre – os fracassos e as irresponsabilidades – e as tomadas de decisão pragmáticas e oportunistas que lhe proporcionaram os seus êxitos em vez de qualquer política pré-definida ou «missão».

A abordagem «impiedosa» a Alexandre foi levada a cabo por Peter Green numa biografia (1974) que parece deliciar-se nas histórias mais macabras e pouco credíveis sobre Alexandre, frequentemente oriundas de fontes pouco fiáveis. Mas a imagem do conquistador que emerge destas páginas é plausível, de um líder brilhante e impiedoso que veio a acreditar no seu próprio mito. É uma leitura maravilhosa – tal como o é a biografia feita por Robin Lane Fox (1973), que representa algo como um regresso ao modelo heróico de Alexandre. Embora esteja longe de ser um estudo impressionante, salienta no entanto a escala épica das conquistas de Alexandre. A obra foi ferozmente criticada por Badian na *New York Review of Books* como um trabalho que fornecia todas as características esperadas de um autor inglês *«Old Etonian»* da classe alta. Na verdade, as duas interpretações nunca podem por-se de acordo, mas Lane Fox é um de entre os pouquíssimos académicos que efectivamente cobriu a maior parte das regiões que Alexandre percorreu, e as reflexões adquiridas a partir desta experiência, bem como o conhecimento que perpassa em cada página do livro, torna este trabalho indispensável.

Uma outra contribuição importante dos últimos anos (1978) foi o trabalho de N. G. L. Hammond, um académico reputado na História da Macedónia e do Norte da Grécia. Os seus estudos reunidos em dois livros acerca das fontes sobre Alexandre (1983 e 1993) são indispensáveis para um estudo sério, mesmo que a sua confiança na possibilidade de identificar a origem de cada afirmação feita pelos historiadores pareça por vezes algo antiquada. O ponto de vista negativo sobre Alexandre como, essencialmente, um assassino e um político incompetente foi desenvolvido, nos últimos anos, por Ian Worthington e severamente contestado por Frank Holt numa troca de artigos no *Ancient History Bulletin* (reproduzido em Worthington, 2003a). Em 1996 surgiu o douto *Histoire de l'empire perse* de Pierre Briant, traduzido para inglês (2002) como *From Cyrus to Alexander: a history of the Persian Empire*. Este extenso volume oferece uma reavaliação completa do estado do império que Alexandre derrotou e considera as razões da sua queda. A sua perspectiva oriental, baseada em dados arqueológicos e em leituras críticas das fontes literárias ocidentais, é uma valiosa rectificação do ponto de vista clássico de que o Império Persa estava «preparado para a conquista». Mas as conclusões de Briant talvez apenas dêem mais relevo às conquistas de Alexandre.

Esta breve abordagem não é completa, como é evidente, e não inclui muitos académicos que deram contributos importantes, mas mais específicos ou regionais, para os estudos sobre Alexandre. Porém indicaram-se os nomes que orientam a interpretação e que aparecerão mais frequentemente nestas páginas.

# 2

# AS RAÍZES NA MACEDÓNIA

A monarquia da Macedónia a que Alexandre sucedeu em 336 era um estranho no mundo grego. Fazia lembrar a sua vizinha do Sul, Tessalónica, por ser um Estado territorial em vez de estar centrado numa pólis ou cidade-estado como Atenas, Esparta ou Tebas; mas na sua estrutura estava mais centralizado do que a Tessalónica, na medida em que era governado por um monarca absolutista de uma estirpe semelhante àquela dos *basileis* dos poemas homéricos.

A Macedónia, sob uma forte administração central, foi obtendo gradualmente soberania sobre as regiões e povos vizinhos até que, por volta do reinado de Filipe II (359-336), passou a controlar as regiões da Peónia a norte e o povo de Lincesto a oeste. Estas regiões eram conhecidas como Macedónia do Norte. As conquistas de Filipe alargaram o território macedónio também para este, para além do rio Estrimão até Nestos (onde fundou Philippi) e mesmo além da área montanhosa do Ródope da Trácia, onde fundou a cidade de Philippoupolis (Plovdiv). Estas conquistas permitiram-lhe o controlo total das minas de ouro da Trácia e as florestas de madeira da região de Estrimão, e proporcionou o enorme crescimento de poder e ambição que caracterizou o seu reinado e o do seu filho.

Um discurso famoso, que é atribuído a Alexandre dirigido às suas tropas durante o revolta em Ópis em 324, resume a percepção contemporânea destes acontecimentos:

> Quando Filipe ascendeu ao poder, vós éreis nómadas e pobres, a maioria vestia peles e apascentava gado disperso nas montanhas, opondo-se debilmente a ilírios, a tribalianos e aos vizinhos trácios. Ele deu-vos mantos para vestirem em vez das peles. Trouxe-vos das montanhas até às planícies, fazendo de vós iguais nas batalhas contra os vizinhos bárbaros, confiando para a vossa salvação não mais nas vantagens naturais dos lugares, mas antes na vossa coragem. Fez de vós habitantes das cidades e abençoou as vossas vidas com boas leis e costumes.
>
> (Arr. *Anab.* 7.9.2)

O historiador continua, mencionando a expansão do comércio, a estabilidade da exploração mineira e as conquistas de Filipe na Grécia.

Foi frequentemente considerado que Alexandre – se o pormenor do discurso for autêntico – exagera o assunto. Havia cidades na Macedónia antes de Filipe e também havia cultura, como veremos. Mas estas frases reflectem a percepção dos gregos do Sul de que os Macedónios eram um povo rústico, atrasado – mesmo «bárbaro». A acusação de «bárbaros» necessita de uma explicação. O termo foi usado pelos Gregos para descrever qualquer povo que não falasse grego – cuja língua lhes soava «bar-bar». Seriam os Macedónios gregos?

As opiniões dos académicos continuam divididas quanto a este assunto e existem poucas provas directas suficientes para tirar uma conclusão. Contra a identidade grega dos Macedónios está o preconceito grego descrito acima e é mais evidenciado pelas invectivas de Demóstenes contra Filipe no decurso das últimas conquistas. Mas Demóstenes, vendo-se a si próprio como um defensor da liberdade ateniense, tinha intuitos egoístas. A outra parte das provas é a queixa feita por Alexandre contra Filotas no decurso do seu julgamento por conspiração: que ele não condescenderia em dirigir-se ao tribunal «em macedónio» mas que insistia em apresentar-se em grego. E foi dito, pelo menos uma vez, que Alexandre se dirigiu às suas tropas «em macedónio».

Aqueles que são favoráveis à opinião de que os Macedónios são gregos vêem este facto como uma prova, não para uma língua macedónia separada, mas para o uso do dialecto em algumas circunstâncias, comparável ao uso do escocês num regimento inglês formado maioritariamente por escoceses.

A favor da identidade grega dos Macedónios está o que conhecemos como a sua língua: os topónimos, os nomes dos meses e muitos dos nomes de pessoas, especialmente nomes reais, que são gregos na raiz e na forma. Tal facto sugere que não usavam o grego meramente como língua franca, mas que o falavam como nativos (embora com um sotaque local que mudava Filipe para Bilipe, por exemplo). As próprias tradições dos macedónios derivaram a sua casa real a partir de Argeas, filho de Mácedon, filho de Zeus, e garantiam que uma nova dinastia, os Teménides, teve a sua origem no século VI a partir de emigrantes de Argos na Grécia, tendo sido Pérdicas o primeiro destes reis. Esta tradição tornou-se uma parte muito importante da identidade cultural da Macedónia. Permitiu a Alexandre I (m. 452) competir nos Jogos Olímpicos (actividade em que apenas os verdadeiros helénicos podiam participar), e ficou imbuída na política de Arquelau (m. 399), que convidou Eurípides a ir de Atenas até à sua corte, onde este escreveu não só os *Bacchae* mas também uma peça perdida intitulada de *Archelaus*. (Sócrates também foi convidado, mas recusou.) Foi com o intuito de manter este cenário que Filipe empregou Aristóteles – que tinha estado até então a ajudar Hermias de Atarneus na Península de Tróade de modo a governar como um rei-filósofo platónico – como tutor do seu filho e assim Alexandre cresceu devoto a Homero e ao mundo homérico, com o qual o seu reinado era tão parecido, e dormia todas as noites com a *Ilíada* debaixo da almofada.

Os Macedónios, então, apresentaram fortes reivindicações sobre serem gregos. A relação pode não ser exactamente como aquelas entre os Ingleses e os Escoceses e como os Alemães e os Austríacos, mas no caso da Macedónia, era o parceiro mais pequeno que gerava o *Anschluss*, uma vez que o reinado de Filipe estava dedicado a alcançar o controlo não só da parte norte do Egeu mas também das cidades-estado da Grécia.

A Macedónia onde Alexandre nasceu estava a tornar-se uma potência internacional sob o governo do seu pai. Filipe ascendeu ao trono em 359 com 24 anos. A sua primeira medida foi reorganizar o exército – o exército que Alexandre herdou e com o qual conquistou metade da Ásia. O elemento-chave deste exército era a formação de infantaria, onde cada elemento estava armado com um dardo bastante comprido conhecido como *sarissa*. Tendo aproximadamente cinco metros de comprimento, as sarissas eram transportadas na horizontal pelos soldados à medida em que avançavam em filas, talvez de dez metros, de maneira a que uma parede de dardos fosse perpendicular ao inimigo antes de este estar demasiado perto para segurarem as suas espadas. Estavam envolvidas outras unidades, nomeadamente a de cavalaria, mas também a elite de *hipaspistas* ou transportadores de escudos. E Filipe também aproveitou a oportunidade oferecida por desenvolvimentos da altura no que dizia respeito a maquinarias de cercos, que viriam a ser cruciais em muitos dos êxitos de Alexandre.

Com este exército formidável e bem treinado, Filipe rapidamente subjugou as regiões do Norte, incluindo a antiga possessão ateniense de Anfipólis. Depois desviou a sua atenção para a Grécia, assegurando primeiro as regiões nortenhas de Tessalónica e Fócis. Os seus planos para a Grécia perduram nos vários discursos de Demóstenes avisando os seus companheiros atenienses das principais intenções de Filipe. Mas havia outros em Atenas que eram favoráveis a uma política de pacifismo e o ancião Isócrates, autor de libelos, via em Filipe uma grande esperança – nomeadamente a de dirigir uma cruzada grega para se vingarem dos Persas pela sua invasão destruidora da Grécia no início do século V. O seu *A Filipe* de 346, propondo exactamente esta ideia, provavelmente coincidiu com a ambição mais importante de Filipe, em vez de lhe sugerir uma ideia que nunca lhe tivesse ocorrido. Na altura certa, o rei persa Artaxerxes tomou conhecimento dos planos de Filipe e começou a preparar-se para a guerra, contratando um grande número mercenários gregos. Por volta do final de 345, um vasto exército capturou Sídon e estava a caminho para subjugar o Egipto, que estava sob governo de um regime nacionalista tendo à sua frente o faraó Nectanebo. Nectanebo fugiu, o Egipto foi derrotado e Filipe fez um pacto de não-agressão com a Pérsia (343) – temporariamente.

Alexandre, por esta altura, tinha 13 anos. Nascera em 356 de Olímpia, a terceira mulher de Filipe. Filipe teve várias mulheres, e todas desposadas por motivos dinásticos: Olímpia era filha de Neoptólemo de Épiro. Foi a primeira a dar-lhe um filho e, por ciúme, guardou a sucessão de Alexandre para a altura certa, quando Filipe tomou mais mulheres. A última, Cleópatra, uma parente de Átalo, pode ter sido uma união por amor. Certamente Olímpia não perdeu tempo, quando tal se mostrou necessário, de a eliminar e ao filho dela Caranus, um potencial rival de Alexandre. Olímpia era uma mulher determinada e admirável e Alexandre permaneceu-lhe devoto e respeitoso durante toda a sua vida.

Filipe e Olímpia conheceram-se pela primeira vez no Santuário dos Grandes Deuses de Samotrácia, enquanto os Mistérios estavam a ser aí celebrados. Parece que Olímpia era uma devota de alguns cultos invulgares, que incluíam a veneração de serpentes e talvez manipulação de cobras. Então, surgiram lendas acerca do nascimento de Alexandre: que não era de todo filho de Filipe, mas que tinha sido concebido por Olímpia fruto de uma relação com uma cobra. Tal lenda tornou-se mais proeminente pela ideia de que a cobra era uma incarnação do deus Ámon. Esta ideia de um nascimento divino foi elaborada pelo autor do *Romance de Alexandre*, na história em que Alexandre era, na verdade, o filho do faraó Nectanebo, que saíra do Egipto para a Macedónia, convencera Olímpia a deitar-se na sua cama, dando-lhe profecias acerca da escolha de Ámon para que ela fosse sua esposa, e depois entrou no quarto dela à noite com um par de chifres de carneiro amarrado a sua cabeça e um manto púrpura às costas para ter relações sexuais com ela.

O *Romance* faz deste acontecimento um motivo para a dúvida de Filipe acerca da legitimidade de Alexandre, mas outras fontes também tornam claras as suas suspeitas em relação ao rapaz ou talvez em relação à ambição de Olímpia. Contudo, criou-o e educou-o como requeria um futuro rei, trazendo Aristóteles, o principal intelectual da altura de Atarneus a Pela para ser o seu tutor, transferindo depois o estabelecimento educacional para a região mais remota dos Jardins de Midas perto de Beroea (Verria). Os outros alunos incluíam vários jovens macedónios bem-nascidos: Hefestion, filho de Amintor, que iria persistir como o amigo mais próximo de Alexandre; Cassandro, filho de Antípatro e Ptolomeu, filho de Lagus – ambos futuros reis; e Marsias de Pela, que mais tarde escreveu um livro sobre Alexandre. Plutarco (que teve acesso à correspondência de Alexandre), diz-nos que, apesar dos estudos dos poemas de Homero – o essencial de qualquer educação grega –, Aristóteles instruiu Alexandre sobre ética e política «mas também naqueles estudos mais secretos e esotéricos que os filósofos não transmitem a todos os alunos em conjunto, mas apenas pessoalmente a um círculo seleccionado de iniciados» (Plut. *Alex.* 7.5). Tal pode ser inventado, mas Plutarco também nos diz que «Foi Aristóteles, creio, que fez mais do qualquer outra pessoa para implantar em Alexandre o seu interesse na arte da cura, bem como na filosofia» (Plut. *Alex.* 8). Plutarco está preocupado em transmitir uma imagem elegante do jovem, com interesses filosóficos iguais aos seus, mas parece claro que o grupo de cientistas que Alexandre levou consigo para a Ásia deviam algo ao amor pela aprendizagem instilado nele por Aristóteles. Este escreveu duas obras agora perdidas, «Sobre o reinado» e «Para Alexande, relativo às [ou, em nome das] colónias», que seguramente se centravam nos requisitos do futuro rei. O último, em particular, é provável que tenha reflectido o ponto de vista de Aristóteles sobre as nações bárbaras: tal como o gado, precisam da mão de uma pessoa cultivada (por exemplo, um grego) para retirar o melhor que nelas existe – uma ideia que casava bem com as das conquistas asiáticas presentes na corte macedónia. Ehrenberg (1938) acredita que estas ideias influenciaram a prática concreta de Alexandre de governação dos povos que conquistava, mas as provas sugerem que, em vez disso, como veremos, por causa do seu amor pela cultura grega, o modo de governação grego sobre outros povos era a última coisa que buscava, e mesmo a hegemonia macedónia foi muito temperada pelo seu uso de governadores nativos.

Um segundo professor de Alexandre foi Leónidas, um parente da sua mãe, que o sujeitou a um regime físico severo, mas que é lembrado principalmente pelo comentário agressivo que Alexandre lhe dirigiu depois das suas primeiras conquistas. Leónidas convidou o seu aluno a poupar incenso até que conquistasse uma terra que o produzisse; quando o fez, Alexandre enviou-lhe uma enorme quantidade desse produto (Plutarco, *Ditos de Reis e Comandantes*, 4).

Foi durante os tempos de escola de Alexandre que ele adquiriu o seu famoso cavalo Bucéfalo, que o viria a acompanhar até à Índia. A história é contada por Plutarco e o *Romance de Alexandre* tem um exemplo da habilidade precoce do jovem príncipe. Foi dado como presente um cavalo particularmente incontrolável (versões mais agressivas dizem que comia carne humana). Todos tinham medo dele, mas Alexandre viu que o animal estava de costas para a sua sombra, tirou-o do sol, amansou-o e por fim montou-o. O episódio mostra bem as suas habilidades para dominar homens e animais e para ter êxito onde os outros fracassavam.

O aspecto físico de Alexandre era impressionante, mesmo que não fosse tão romanticamente bonito como o sugerem os inúmeros retratos esculpidos. Tal como Napoleão, era um pouco baixo. Segundo o *Romance de Alexandre,* os seus olhos tinham cores diferentes. Esta parte da informação, aliada ao rodar característico do pescoço e ao olhar em direcção ao céu, presentes na maior parte das estátuas, foi entendida como um indício de «torcicolo ocular», uma postura da cabeça que compensa a paralisia de um olho. Assim, uma deficiência tornou-se, na arte, um símbolo de majestade.

Em 338 começou o último acto de conquista de Filipe contra a Grécia. Atenas e Tebas, que tinham mantido a resistência para ao resto da Grécia, foram derrotadas na batalha de Chaeronea (em Agosto), um acontecimento que vaticinou o fim da liberdade grega. Alexandre, agora com 18 anos, comandava a cavalaria que, na ala esquerda, viria a dar o golpe decisivo na batalha. Após a luta, uma Liga Helénica (o nome fazia lembrar aquele da Liga de 480 que resistiu aos Persas), também conhecida como a Liga de Corinto, foi formada sob a liderança de Filipe – uma maneira educada de indicar que agora era ele quem controlava a Grécia. No Outono de 337, o plano de uma expedição militar contra a Pérsia foi ratificado numa reunião em Corinto e, na Primavera seguinte, os generais de Filipe, Parménio (400-330) e Átalo (390-334, o tio da mulher de Filipe, Cleópatra) foram enviados para a Ásia Menor para levarem a cabo operações preliminares. Parménio era o melhor dos generais de Filipe – este dizia dele «Os atenienses elegem dez generais todos os anos, mas eu encontrei apenas um general: Parménio» (Heckel 1992, 13) – e continuou leal ao serviço de Alexandre também, até à sua morte em 330. Logo depois desta expedição ter partido, Artaxerxes morreu e Dario III sucedeu-lhe como rei da Pérsia.

Tudo parecia encaminhar-se, pouco a pouco, segundo os planos de Filipe. Mas havia tensões em casa. Em 338, Filipe casara com Cleópatra (Arriano chama-lhe Eurídice), como mencionado anteriormente – uma atitude que claramente levou Olímpia a um ciúme violento e que originou uma discussão grave entre Alexandre e o seu pai no banquete do casamento, que, como era costume nas festas macedónias, envolvia um consumo excessivo de vinho forte. O tio de Cleópatra, Átalo, pediu aos convidados que rezassem para que «a união entre Filipe e Cleópatra pudesse trazer um herdeiro legítimo ao trono». Alexandre, insultado até ao mais fundo da sua legitimidade, atirou-lhe uma taça. Filipe desembainhou a sua espada contra o filho, mas caiu em cima de uma mesa antes que pudesse feri-lo. Alexandre partiu de imediato para Ilíria e Olímpia foi para Épiro. Nunca se saberá se tiveram qualquer influência no que se seguiu, mas claramente os dois estavam numa posição vulnerável, que podia ter-se tornado mais patente se Cleópatra tivesse dado à luz um filho no Verão de 336. (Apenas Justino – 11.2.3 – faz referência a este filho, Caranus, e a sua existência já foi posta em causa.) Bosworth (1971a) sugeriu que há implicações dinásticas nestes acontecimentos, bem como notórios ciúmes pessoais; Cleópatra, oriunda de uma antiga família macedónia, representava a elite da Baixa Macedónia, enquanto Olímpia, do Épiro, era uma estranha. Este facto poderia explicar a provocação da legitimidade de Alexandre e também a partida de Olímpia para Épiro, o local dos seus grupos de apoio. O período foi obviamente marcado por tensões acerca de quem sucederia a Filipe e sobre o episódio obscuro no qual Pixódaro, o sátrapa de Cária, tudo fez para casar a sua filha com o meio-irmão deficiente de Alexandre, Arrideu, que deve ter também um lugar na complexidade dos acontecimentos, embora seja impossível de descortinar o seu significado preciso.

No entanto, Alexandre em breve voltaria a um estado de graça, ou pelo menos com alguma dignidade em Pela. Filipe, prestes a partir para a Ásia, precisava de garantir a segurança da Macedónia. Alexandre foi chamado de

Ilíria para servir de regente. Naquele que parecia ser um gesto de paz, Filipe ofereceu a mão da sua filha com Olímpia, Cleópatra (que não deve ser confundida com a sua mulher Cleópatra) ao rei de Épiro, que também se chamava Alexandre («Alexandre de Molóssia»), que era também tio dela. O objectivo, porém, pode ter sido o de marginalizar Olímpia ao construir uma ligação independente entre a família de Filipe e a do rei de Épiro. Foi planeada uma grande festa na capital macedónia de Egeia (actual Vergina). Vieram convidados de toda a Grécia. O segundo dia da festa foi dedicado a jogos, que tiveram lugar no teatro de Egeia. Filipe entrou no teatro de maneira simples, vestido com um manto branco e ladeado pelo seu filho Alexandre e pelo seu recente genro Alexandre. O segurança recebera instruções para os seguir a uma certa distância. Quando parou para receber as aclamações da multidão, um elemento da segurança, Pausânias, avançou de rompante e feriu Filipe com uma faca. Pausânias foi de imediato preso e atingido por um dardo por um grupo de nobres. Mas Filipe morrera instantaneamente.

O motivo de Pausânias foi conhecido. (Diodoro relata os pormenores e Sátiro, autor contemporâneo de um livro sobre Filipe, foi a sua fonte.) Pausânias havia sido escolhido por Filipe para seu amante, mas este transferira a sua atenção para outro jovem. Pausânias foi depois humilhado por um grupo de violadores organizado por Átalo, sogro de Filipe. Este recusou-se a reagir em relação a isso e Pausânias cometeu este crime por ciúme. O motivo, embora seja sem dúvida verídico, parece insuficiente para um acto tão evidente e com consequências imediatas para o perpetrador. Várias vezes houve suspeitas de que esta seria uma «versão oficial» e que havia algo mais por detrás do assassinato – ou uma conspiração persa ou a mão de Olímpia e do próprio Alexandre. Uma outra possibilidade é uma conspiração dinástica de Alexandre Lincestes para fazer desaparecer o filho de Cleópatra e assegurar a sucessão de Alexandre antes que Caranus crescesse. Claramente que os Lincestianos tiveram a sua importância nos momentos que se seguiram ao assassinato. Circularam histórias tenebrosas, que Olímpia tinha colocado uma coroa de ouro no corpo de Pausânias onde este estava exposto pendurado numa forca, e que fazia libações no local do assassinato, todos os anos, no aniversário da data. Nada pode ser agora tido como certo, mas foi a família de Olímpia que teve vantagens, uma vez que Alexandre se tornou o rei incontestado. A Pérsia, contudo, não teve qualquer benefício em substituir a hostilidade de Filipe por aquela de Alexandre. A cruzada contra a Pérsia aumentou de intensidade.

Filipe foi sepultado com honras de um rei. Em 1977--78 houve um grande entusiasmo em torno da descoberta de Manolis Androkinos de uma série de (certamente) túmulos reais em Vergina (Egeia). O Túmulo II continha os restos mortais de um homem de idade e de uma mulher mais jovem. Alguns dos bens que estavam na sepultura, incluindo as caneleiras desiguais (Filipe era coxo), bem como o crânio com um corte enorme sobre o olho esquerdo (Filipe fora atingido por uma seta, que lhe cegara um olho) levou Andronikos a identificar os ocupantes do túmulo como Filipe II e a sua mulher Cleópatra. A identificação foi recebida com entusiasmo pelos serviços arqueológicos e pelo Estado da Grécia:

Figura 2. O teatro em Egeia, onde Filipe II foi assassinado. Fotografia: Richard Stoneman.

quem visitar o túmulo vai encontrar poucas provas do crescente desacordo com esta opinião, baseado nas datas dos objectos em cerâmica, que situam o túmulo num momento posterior à vida de Alexandre. Eugene Borza centrou a sua atenção na quantidade de objectos de ouro e prata, mais prováveis na Macedónia depois dos tesouros recolhidos na expedição de Alexandre. Tal sugeriu que a parafernália presente no túmulo inclui alguns objectos que pertenceram a Alexandre. Olga Palagia interpretou o fresco muito danificado do túmulo, representando uma cena de caça, como contendo retratos de Alexandre, Arrideu, Cassandro e um nobre persa. Ambos estes estudiosos, e outros, acreditam que o Túmulo II pertence a Filipe Arrideu e à sua mulher Adea Eurídice. Se assim for, o local do túmulo de Filipe II mantém-se desconhecido. As cabeças em miniatura feitas de marfim de Filipe e Alexandre encontradas no túmulo representam, não uma profecia de uma sucessão inevitável, mas um resumo do passado recente e lastimado da dinastia.

# 3

# A CONSOLIDAÇÃO DO PODER DE ALEXANDRE

A primeira tarefa de Alexandre como rei foi a de assegurar a sua posição. Qualquer que tenha sido o seu papel no assassinato de Filipe, seria de esperar que outros pudessem tentar obter alguma vantagem e disputar o trono. Assim, e apesar da aclamação do jovem como rei, tomou medidas para eliminar possíveis rivais. Plutarco (Plut. *de fort. Alex.* 1.3) afirma que naquele tempo «toda a Macedónia estava de olhos postos nos filhos de Aeropo». Um deles, Alexandre Lincestes, era genro de Antípatro e apressou-se a jurar lealdade a Alexandre e assim sobreviveu. Mas os seus dois irmãos foram imediatamente condenados à morte. Dois dos filhos do Lincestes mais novo, Arrabaios, teve postos importantes no exército de Alexandre na Ásia, embora segundo Arriano (Arr. *Anab.* 1.20.1), o mais novo deles, Neoptolemo, passou para o partido de Dario.

Diodoro (Diod. Sic. 17.25.5) tem uma versão diferente. Alexandre Lincestes foi ele próprio acusado de manter correspondência traidora com Dario no Inverno de 334 e foi colocado sob vigilância apertada. Foi mais tarde executado, em 330, na sequência da conspiração de Filotas. Não havia, claro está, qualquer relação de amizade entre estas duas famílias.

Os Lincestianos mais novos podem ter sido executados não tanto porque representavam uma ameaça directa ao trono, mas mais porque podiam apoiar o rival mais forte, Amintas, filho de Pérdicas. O próprio Amintas era um pretendente provável ao trono, mas livraram-se dele no espaço de um ano ou, provavelmente, menos.

Dois dos generais mais fiéis de Filipe, Parménio e Átalo, estavam ausentes, em operações militares na Ásia Menor. Embora repetidamente Alexandre se afastasse de Parménio, o general parecia ter estabelecido um pacto de lealdade vitalício com o seu rei. Átalo (que era casado com a filha de Parménio) era uma outra questão. Mantinha contactos traidores com Atenas logo após a morte de Filipe. Parménio recusou colaborar, mas antes que Átalo pudesse mudar a sua lealdade para Alexandre, foi assassinado por um enviado deste, Hecataeu. Justino (11.2.3) afirma que Alexandre «planeou o assassinato do seu meio-irmão Caranus, filho da sua madrasta, que era seu rival ao trono». A fonte de Justino, Trogo, pensava que esta criança era o filho de Cleópatra-Eurídice, que apenas podia ter dado à luz um filho (a menos que gémeos) antes da morte de Filipe. Olímpia, no entanto, certamente que assassinou a filha de Cleópatra e esta ou também foi morta ou enforcou-se (Pausânias 8.7.7, Justino 9.7.12). Alexandre era agora o único representante da casa real, além do seu meio-irmão Filipe Arrideu (filho da amante de Filipe, Filina), que tinha um alguma espécie de deficiência mental.

A segunda tarefa urgente que aguardava Alexandre envolvia os Estados gregos. Estes haviam reagido à notícia da morte de Filipe de uma maneira que roçava a insurreição. Em Atenas, Demóstenes ofereceu uma coroa de ouro ao assassino de Filipe e iniciou correspondência (como vimos) com Átalo para destruir Alexandre. Os conselheiros de Alexandre, dos quais o líder era Antípatro (pai do seu amigo na escola de Aristóteles, Cassandro), recomendavam-lhe cautela. Mas Alexandre rumou de imediato para o sul da Grécia. Tendo encontrado o Vale do Tempe bloqueado pelos defensores tessalianos, Alexandre não esperou para discutir, mas cortou caminho pelo Monte Ossa e encaminhou todo o seu exército pelas falésias. Perante este comportamento, os tessalianos aceitaram a derrota e reconheceram o poder macedónio ao eleger Alexandre como o seu *tagos* («líder»). É o primeiro exemplo da espantosa capacidade de Alexandre para inventar estratagemas militares incomuns para alcançar os seus fins.

O Conselho Anfictiónico em Fócis rapidamente reconheceu a sua soberania na Grécia. Tebas, Atenas e Mégara também se juntaram. Apenas Esparta insistiu educadamente que «as suas tradições ancestrais não lhe permitiam servir a um líder estrangeiro». Mas não provocaram conflitos. O progresso de Alexandre na Grécia terminou em Corinto, onde foi reconhecido como líder da Liga Helénica sucedendo a Filipe, e assim, da guerra contra a Pérsia. Mas antes de regressar à Macedónia, aconteceram dois factos interessantes e significativos.

O primeiro foi o seu encontro com o filósofo cínico Diógenes. Os Cínicos (o nome significa «como um cão») colocavam-se contra os modelos humanos normais e tinham como objectivo viver «em sintonia com a natureza» ao fugir de confortos como camas ou copos para beber. Diógenes vivia quase despido num tonel de barro em Corinto e dizia-se que tinha o hábito de caminhar pelas ruas com uma lanterna em plena luz do dia, «à procura de um homem bom». Pensa-se que morreu de asfixia quando tentava provar uma ideia ao comer um polvo cru. Os Cínicos seguiram o exemplo de Sócrates ao se apresentarem a si mesmos contra o corpo político, e tinham um gosto particular por provocantes trocadilhos linguísticos e matemáticos. Alguns estudiosos imaginaram que teriam sido influenciados pelos hábitos dos ascetas indianos, como aquele que Alexandre encontrou mais tarde em Taxila. Isto é talvez pouco provável, mas existem semelhanças, como as há com os *hippies* dos anos 60. Qualquer coisa menor, como a paixão de Alexandre por um poder mundial e a sua curiosidade, é difícil de imaginar. Um encontro muito interessante «tinha de acontecer». A fonte é provavelmente Onesícrito que demonstrou interesse pela filosofia cínica (ver Capítulo 7). Mesmo que o acontecimento seja pura ficção, tal como concluiu a maioria dos académicos, tornou-se no entanto uma das tradições mais duradouras sobre Alexandre e um símbolo do contraste entre dois modos de vida.

Foi a curiosidade que levou Alexandre até Diógenes. Olhou para ele. Diógenes nada disse. Mais tarde, Alexandre perguntou-lhe se pediria um favor ao grande rei. «Sim», disse Diógenes, «por favor, desvie-se. Está a tapar-me o sol.» Alexandre ficou aparentemente impressionado. «Se eu não fosse Alexandre», disse, «gostaria de ser Diógenes.»

Um segundo acontecimento que pode clarificar a personalidade de Alexandre teve lugar pouco tempo depois, quando visitou o oráculo em Delfos. Chegou no Inverno (era final de Novembro) quando o deus Apolo estava ausente a festejar com os Hiperborianos e o oráculo não estava a funcionar. Mas Alexandre não era pessoa para ser contrariada. Arrastou a profetisa até ao templo e pediu um oráculo. «Jovem», gritou ela enquanto rolava no chão, «ninguém te pode resistir!» Alexandre aceitou esta afirmação como um oráculo bastante satisfatório, ofereceu um presente ao templo e regressou à Macedónia. Este episódio demonstra a importância que Alexandre atribuía ao apoio e aprovação divinos ao longo da sua vida. Mais uma vez, no entanto, tal facto é certamente fictício; a fonte é, provavelmente, Cleitarco.

De volta a Macedónia, uma nova tarefa o aguardava: a supressão das revoltas, primeiro dos tracianos e tribalianos, a sul do Danúbio na Bulgária, depois dos getas a norte do Danúbio, e finalmente dos ilirianos, que ocupavam uma área que corresponde sensivelmente à actual Albânia. As tácticas e a eficácia, em vez de força militar, proporcionaram a Alexandre derrotar todos estes opositores, e o rei tribaliano ofereceu a sua lealdade à Macedónia, sendo rapidamente seguido pelos outros povos.

A ausência de Alexandre na parte noroeste do país deu aos Estados gregos a oportunidade para desenvolverem uma nova resistência. Demóstenes espalhou um rumor – encenando mesmo um mensageiro ensanguentado –

de que Alexandre havia sido morto pelos tribalianos; e, mais alarmante, o rei persa havia enviado ouro para Atenas para apoiar a oposição a Alexandre. Também foi contra as actividades de Parménio na Ásia Menor, empregando o seu comandante mais competente, um mercenário grego chamado Mémnon de Rodes, para expulsar Parménio da terra que havia conquistado em Tróade. Tebas, encorajada pelas informações erradas de Demóstenes, estava em revolta aberta.

Num espaço de duas semanas, o exército de Alexandre estava às portas de Tebas. Desta vez, a cidade não estava calma. Os seus líderes estavam determinados a lutar pela liberdade até ao fim. Mas nenhum dos outros Estados gregos quebrou as regras da Liga para oferecer ajuda aos tebanos. Os seus mensageiros chamavam abertamente todos os que desejassem «juntar-se ao grande rei e a Tebas para libertar os gregos [...]». A resposta de Alexandre foi a destruição completa da cidade. Depois de uma árdua batalha combatida do lado de fora das muralhas, a entrada foi conseguida através de uma pequena porta. O exército de Alexandre apressou-se pela cidade, matando e pilhando, violando e queimando. Os aliados de Alexandre, beócios e fócios, «saciaram o seu ódio por Tebas» (Bosworth 1988, 33) no saque violento à cidade. Quando a luta terminou, com 6000 tebanos mortos e 30 000 prisioneiros, Alexandre convocou uma reunião da Liga Helénica para decidir acerca do seu destino. Imaginamos que não tenham discutido as propostas dele. A cidade foi completamente demolida – com excepção dos templos e da casa do poeta lírico Píndaro, já na altura um dos autores clássicos da literatura grega, que morrera cerca de 120 anos antes – e os restantes habitantes foram vendidos como escravos, à excepção dos sacerdotes e dos apoiantes da Macedónia.

Atenas estava agora em pânico. O debate na assembleia andava à volta da decisão sobre se devia resistir ou render-se. Alexandre havia pedido a rendição de dez generais, mas o orador Démades enviou uma embaixada a Pela onde conseguiu anular esta ordem. (Contudo, Alexandre insistia no exílio de um dos dez, Caridemo, que imediatamente se refugiou na Pérsia.) Atenas pactuava com Alexandre, com fizeram os outros Estados gregos, mas nunca aceitou o seu poder.

Com a resistência grega aniquilada, Alexandre estava pronto para virar a sua total atenção para a cruzada contra a Pérsia, que havia sido a ambição do seu pai e estava a tornar-se a principal razão da sua própria vida. Por que motivo enveredou por aqui?

# 4

# A GUERRA NA ÁSIA MENOR

O Império Persa – ou o Império dos Medos como os gregos lhe chamavam – fora fundado por Ciro o *Grande*, rei dos persas (no sul do Irão), em 559 quando conquistou Media (a região montanhosa a noroeste do Irão circundando Hamadan). Na década de 40 do ano 500, Ciro obteve o controlo da Ásia Menor, incluindo o reino de Lídia e das cidades gregas da costa Egeia (Iónia). Em 529, o filho de Ciro, Cambises, sucedeu-lhe e esta ascensão ao poder colocou o Egipto sob o poder persa. O longo reinado do sucessor de Cambises, Dario (521-486), foi interrompido por uma revolta mal sucedida dos gregos iónicos em 499. O envolvimento de Atenas e de Eritreia nesta revolta espoletou uma campanha contra a Grécia, na qual os persas foram indiscutivelmente derrotados pelos atenienses e pelos seus aliados plateanos na batalha de Maratona (Setembro de 490).

Mas quando o filho de Dario, Xerxes, subiu ao trono, preparou novos planos para a conquista da Grécia. Uma vez mais, os gregos derrotaram os persas numa série de grandes batalhas, pelo mar em Plateia (480) e mais tarde em Micale (479), e por terra em Plateia (479), na qual Tebas lutou do lado dos Persas. Contudo, o saque de Atenas por parte dos Persas e o incêndio dos templos na Acrópole em 480, foram uma ofensa nunca esquecida, e a resistência aos Persas tornou-se uma das características definidoras da identidade grega. Mesmo passados 150 anos, a «escravatura» dos gregos iónicos à Pérsia ainda perturbava os Gregos. Assim, a opinião destes seria sempre favorável a uma cruzada contra o inimigo ancestral. Seria um ponto importante da exigência macedónia de liderar os gregos, e para a identidade grega, que o reino partilhasse esta opinião.

Dario III sucedeu ao trono em 336: era um parente afastado de Artaxerxes III Oco, o rei anterior, e havia casado com a filha de Oco, Estateira. Assegurou o trono através de um processo de eliminação de rivais semelhante ao utilizado por Alexandre.

O império de Dario era um vasto aglomerado de territórios que não só incluía o actual Irão, mas também toda a Ásia Menor, a região do Levante desde Zagros até ao mar, e o Egipto. A Este, comportava o Afeganistão e pode ter expandido o poder até ao vale Hindu. Também incluía partes da Ásia Central, pelo menos até ao rio Oxo. Naturalmente, este território enorme não estava sujeito a um controlo centralizado forte. A administração estava nas mãos de dirigentes regionais, conhecidos como sátrapas e, nas regiões mais a Este, príncipes e nobres locais governavam sob fidelidade à Pérsia. Apesar da sua vasta extensão, o império estava ligado por um sistema altamente eficaz de comunicações, sendo o seu ponto de apoio a Estrada Real que ia desde Sardis até Susa, que tinha postos de correio para carteiros a cavalo a intervalos regulares. A capital cerimonial do império era Persepólis, enquanto Ciro, *o Grande* fora enterrado perto de Pasárgada. Mas a corte passava grande parte do seu tempo na Babilónia, na junção do Tigre e do Eufrates (perto de Bagdade), fugindo ao forte calor de Verão para a cidade montanhosa de Ecbatana (Hamadan) em Media.

Muitos dos chefes locais geriam as suas satrapias semi-autonomamente, de Péricles o «rei» de Limira em Lícia, e os chefes de Cária, a Báctria, onde os limites dos poderes e do controlo dos sátrapas foi muito discutido. O «estilo aqueménida», tipificado pelos relevos cerimoniais de Persepólis, foi modificado na arte ocidental através da influência grega, e a arquitectura do oriente mostra claramente elementos não-aqueménidas, por exemplo, os canais de Báctria. As culturas babilónia e persa misturaram-se na cidade de Babilónia, onde os persas têm nomes babilónios e vice-versa. A cunhagem das moedas nas cidades ocidentais segue o padrão ático e o estilo da arte é grego, mas aqui e mais a oriente, as imagens são persas e o alfabeto é aramaico. Mais a leste da Babilónia, a cunhagem das moedas quase não existia. O Império Persa era um Estado multicultural ligado por uma forte hierarquia e comunicações.

Os historiadores clássicos representavam o Império Persa como um sistema moribundo ou decadente, governado por um rei fraco e indeciso. Autores modernos como Droysen viam o Império Persa como pronto para a conquista porque estava sob a «estagnação oriental» (um conceito querido a Marx e a Engels, bem como aos governadores imperiais ingleses na Índia). Briant (2002, 801) cita a afirmação de Droysen sobre o assunto: «Quando Alexandre liberou estas riquezas que antes haviam estado sequestrados, quando [o novo poder] os deixou escapar às suas garras, à medida que o coração pulsava, é fácil de compreender que o trabalho e o comércio os fez dispersar, numa circulação cada vez mais rápida, entre os membros há muito ligados ao Império. Assim, vemos como a vida económica das pessoas, da qual o domínio persa sugou a força da vida como se de um vampiro se tratasse, tinha de recuperar e prosperar.» A implicação é que um sistema que (como mais tarde o seria o Império Romano) fazia circular o dinheiro para cima não podia ter outra reacção por parte dos seus súbditos que não fosse a falta de afeição. A libertação do tributo faria com que a população gostasse de Alexandre, enquanto as elites locais aceitariam de bom grado o reconhecimento de um chefe menos distante do que o Grande Rei. Ambas as conclusões são de suspeitar. Briant presta atenção à ausência de revoltas por causa de impostos em qualquer altura, e salienta que a aristocracia persa permaneceu leal a Dario até à sua última derrota. A queda do Império Persa foi o resultado não de crises cíclicas ou de «estagnação» abstracta, nem tão-pouco esteve relacionado com a quebra da sua própria unidade. A explicação para o êxito de Alexandre, e para o fracasso de Dario, é, antes de mais, do foro militar.

Provavelmente Alexandre herdou do pai o objectivo limitado de libertar os gregos da Ásia Menor – e é isso que tanto Parménio como Átalo têm feito na Tróade (quer os Gregos quisessem ser libertados ou não). Mas tanto Alexandre como Filipe devem ter-se apercebido de que a geografia impedia um controlo militar grego permanente da costa Egiana. Quando um poder baseado em terra determinou a segurança dessa região (tal como Atatürk da Turquia fez nos anos 20), foi impossível para o poder marítimo da Grécia desafiá-lo. Assim, o objectivo passou a ser rapidamente a derrota do rei persa em termos que permitiriam a cessação política permanente das suas terras ocidentais. À medida que os êxitos de Alexandre se multiplicavam, a sua ambição aumentava gradualmente; mas o seu objectivo mínimo quando começou o seu reinado deverá ter sido o de forçar Dario a reconhecer, sem a questionar, a autoridade grega sobre as regiões que escolhera conquistar.

A campanha começou na Primavera de 334. O exército de Alexandre tinha pelo menos 30 000 homens na infantaria e 5000 na cavalaria, mas foi capaz de deixar uma força de infantaria de tamanho comparável e cerca de 1500 homens na cavalaria, na Grécia e na Macedónia, para manter a segurança. Tinha também uma frota de 120 barcos de guerra, bem como vários barcos de carga. Antípatro foi deixado como regente na Macedónia e como deputado-chefe da Liga Helénica.

O exército alcançou o Helesponto (Dardanelos) em vinte dias e a travessia da Ásia começou. Esta foi uma operação que demorou muito tempo e, quando Parménio tomou a liderança, Alexandre empreendeu um desvio que teve grande valor propagandístico bem como significado religioso. Começou com um sacrifício no túmulo de Protesilaus (o nome significa «o que salta primeiro»), que fora o primeiro dos gregos a chegar a terra quando a Guerra de Tróia começou – e o primeiro a morrer também. Alexandre atravessou depois os estreitos de Galipoli. Atirando o seu dardo contra o solo da Ásia quando chegou, reivindicou todo o território como «terra conquistada pelo dardo», edificou altares para os deuses e partiu para Tróia. Aqui foi recebido pelos gregos locais. Fez um sacrifício no que na altura (e agora) deviam ser os túmulos de Aquiles e de Pátroclo, inseparáveis amigos no seu tempo, como Alexandre e Hefestion o eram agora. Aqui, também, e segundo o *Romance* (1.42), um poeta local ofereceu-se para escrever um poema sobre Alexandre que iria ultrapassar a celebração de Aquiles por Homero. A resposta cáustica de Alexandre foi a seguinte: «Preferia ser um Tersites em Homero do que um Agamémnon na *tua* poesia.» Esta série de acontecimentos indica não só a admiração de Alexandre – mesmo obsessão – pelos poemas homéricos, mas também a sua defesa deliberada de se vingar de uma ofensa que veio não só da conquista da Pérsia, mas da Guerra de Tróia, o primeiro embate entre Gregos e Asiáticos. Dedicou a sua própria armadura no templo de Atena e trouxe, em vez dela, um conjunto supostamente oriundo dos dias da Guerra de Tróia que transportou como talismã daí por diante.

Quando a travessia do Helesponto terminou, o exército avançou de modo cauteloso. Na mesma altura, o alto comando persa, a cerca de 100 quilómetros a oeste de Zeleia, discutia o seu próximo passo. O exército persa, apesar do seu vasto corpo de cavalaria, uma força de cerca de 20 000, era comparativamente fraco no que dizia respeito a infantaria. Os melhores destes eram provavelmente os mercenários gregos (uma vez mais, cerca de 20 000). Mémnon, o mercenário grego general das forças persas, aprovou uma política de terra queimada, aniquilando qualquer possibilidade de provisão perante o exército de Alexandre. Mas o sátrapa local recusou. No fim, o exército avançou e colocou-se na margem este do rio Granico. Aqui, Alexandre travou a sua primeira batalha contra o inimigo persa.

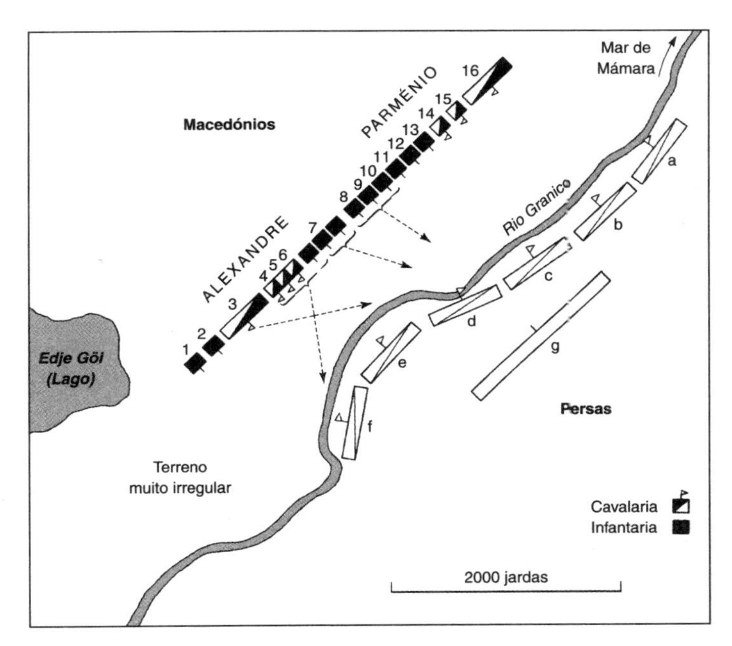


BATALHA DE GRANICO

As fontes divergem no que diz respeito ao que efectivamente aconteceu. Aquelas que mais favorecem Alexandre sugerem que ele fez algo que pode parecer impossível: as tropas persas estavam reunidas no topo de uma margem íngreme, cheia de lama e escorregadia. Arriano e Plutarco descrevem um ataque directo, ao fim da tarde, pelo rio, pelas margens acima e através das linhas persas até chegar à vitória. Diodoro, no entanto, relata uma manobra feita ao amanhecer, na qual o exército se deslocou pelo rio abaixo até um local menos fundo onde se podia atravessar, e ladeou o exército persa, apanhando-o de surpresa. É curioso que esta é precisamente a manobra representada por Arriano como aconselhado por Parménio. Se Alexandre estivesse a seguir a estrada que ia dar à capital da cidade, é provável que ela o tivesse conduzido a um baixio mais fácil (Foss 1977). Podemos suspeitar que uma tradição encomiástica tenha atribuído a Alexandre uma acção mais heróica e uma que (tal como muitos outros acontecimentos) mostra Parménio como um agitador em contraste com a impetuosidade brilhante de Alexandre. Diodoro, que é geralmente visto como pouco fiável por aqueles que encaram a tradição arriana como dominante, preservou um relato que, pelo menos, é susceptível de ser verdadeiro.

O desenlace decisivo consistiu num conflito heróico entre os corpos de cavalaria nos quais Alexandre lutou na frente. Quase morreu e foi salvo por Cleito, o comandante do Esquadrão Real, que cortou o braço do seu inimigo quando este se aproximava para aplicar em Alexandre um golpe mortal. Depois de desbaratar a cavalaria persa, a cavalaria macedónia facilmente cercou os persas e a infantaria de mercenários. O massacre foi violento e oito dos comandantes persas foram mortos. Arsites, o general persa sobrevivente, suicidou-se. Alexandre vencera a sua batalha e a Ásia Menor abria-se perante ele.

Num ápice, desceu a costa jónica, com um desvio inicial por Sardis, capital da satrapia persa da Lídia. O governador, Mitrines, rendeu-se mesmo antes de Alexandre ter chegado às muralhas e este pôde apoderar-se do tesouro guardado na Acrópole. Filipe fez com que a Macedónia fosse imensuravelmente mais rica do que havia sido antes, mas uma expedição como a de Alexandre necessitava de recursos excepcionais, e a captura de metais preciosos era um importante elemento estratégico nesta altura da caminhada, tal como o era a segurança deste ponto-chave para o sistema de fornecimento da satrapia. O sátrapa, Spitridates, fora substituído pelo irmão de Parménio, Asandro. Mais, Alexandre designou um novo governador da cidade, Pausânias, e um oficial de finanças, Nícias.

As cidades de Éfeso, Magnésia e Trales receberam Alexandre sem lutar, e o *slogan* «libertação dos Gregos» foi colocado em circulação com a «restauração» das «democracias» onde tinham existido cidades oligárquicas. As medidas eram o contrário daquelas praticadas na Grécia, onde grupos oligárquicos favoráveis à Macedónia foram impostos nas cidades. Mas, em ambos os casos, dependia da instalação de uma nova classe dirigente cuja lealdade era entregue à Macedónia. O tributo persa foi abolido. As cidades prometeram doravante pagar «contribuições» ao seu novo líder. Alguns espíritos mais subtis podem ter sido capazes de distinguir entre esta atitude e o tributo. Foram também instalados postos militares em todas as cidades nesta zona de guerra.

É, no entanto, uma questão muito mais discutível o facto de se estas cidades se tornaram membros da Liga Helénica (Liga de Corinto). De facto, não há quaisquer provas sobre tal. Uma questão mais importante é sobre o que consistiu esta «liberação» das cidades. Para Droysen, como Badian diz claramente, Alexandre era semelhante a Bismarck, criando «cidades imperiais livres» como Hamburgo. Wilcken e Berve partiram do princípio de que as cidades simplesmente se tornaram parte da Liga – tendo sido a «contribuição» (*syntaxis*) uma troca do seu dever por obrigações militares. Tarn adoptou a perspectiva optimista de que as cidades foram deixadas completamente livres e autónomas, uma interpretação que vai contra factos conhecidos, não menos o que aconteceu com Aspendo quando pedia um preço superior para a sua «liberdade»: Alexandre tinha preparativos para um cerco antes que os líderes mudassem de ideias (e depois dobrou a sua contribuição). Como Badian resume, as cidades seriam livres sob a condição de obedecerem a Alexandre. As cidades gregas e as não-gregas, como Sardis, eram tratadas da mesma maneira, e os acordos administrativos permaneceram em grande parte iguais. As suas leis foram restauradas como Arriano (Arr. *Anab.* 1.18.2) afirma: Alexandre tinha assuntos mais importantes em mente e a obediência era tudo o que era pedido. Bosworth adopta uma visão mais indulgente do que a de Badian acerca do comportamento de Alexandre aqui (1988, 252-4): o estabelecimento de Priene, por exemplo, é «generoso» – mas apenas porque não interessava em termos militares.

Alexandre queria deixar uma marca permanente da sua visita a Éfeso e ofereceu-se para restaurar o templo de Ártemis que, segundo a tradição, havia sido incendiado na noite do nascimento de Alexandre por um louco chamado Heróstrato, que então desejava tornar o seu nome imortal. (Conseguiu.) Mas os Efésios responderam diplomaticamente que «Não era correcto que um deus dedicasse um templo a outro» (Estrabão 14.1.22) e a oferta foi recusada. Alexandre teve melhor sorte em Priene, que teve de ser liberada à força; aqui deu um contributo para as despesas da construção do novo templo de Atena Polias e este acto foi gravado numa grande inscrição (agora no British Museum). Uma outra inscrição de Priene (Tod 185; Heckel e Yardley 88) declara que o povo desta cidade é «autónomo e livre»: «Liberto a cidade de Priene e o posto de militar da obrigação de pagar impostos.»

Mileto também resistiu à libertação, preferindo um estatuto neutro, mas foi rapidamente convencida pelas máquinas do cerco de Alexandre. Em todo este tempo, não houve qualquer actividade por parte do exército persa, mas as forças de Mémnon estavam a seguir Alexandre pelo mar. A pequena frota de Alexandre recusou qualquer ligação com eles, tendo-se assim a presença de Mémnon revelado algo ineficaz. Esta parece ser a razão pela qual agora Alexandre decidiu que podia continuar sem a sua frota e dissolveu-a. Era cara e, comandada como o era pelos Gregos, de lealdade duvidosa. Esta decisão fez com que nascesse nele a necessidade de capturar todos os portos da parte este do Mediterrâneo, de maneira a assegurar a retaguarda, e foi isto que fez. Acreditava que se tomasse os portos, a frota persa não teria acesso às suas bases e seria assim incapaz de actuar. Mas a decisão de continuar sem uma frota provou ser de curta visão.

Alexandre avançava agora até Cária. Os persas, sob o comando de Mémnon, haviam-se reagrupado na sua cidade principal, Halicarnasso, que estava sob o poder da dinastia Cariana. A rainha legítima, Ada, fora afastada pelo seu irmão Pixódaro; este tinha morrido recentemente e o poder estava agora nas mãos do seu genro, um persa chamado Orontobates. A estratégia de «liberação» de Alexandre levou-o ao reduto de Ada, Alinda, onde prometeu apoiar a causa dela e ela fez dele seu filho adoptivo. As outras cidades carianas receberam-no de braços abertos à medida que atravessava Euromo e descia até à costa, aproximando-se das muralhas e da cidadela de Halicarnasso por noroeste. Houve um pequeno atraso enquanto esperava que os barcos de transporte trouxessem as suas máquinas para o cerco. Uma vez chegadas, num ápice arrasaram as muralhas: houve uma luta violenta e muitos dos defensores foram mortos. Durante a noite, Mémnon e Orontobates lançaram fogo aos restantes edifícios e evacuaram a cidade, embora ainda controlassem a cidadela. Alexandre derrubou o que restava da cidade e repôs Ada como rainha com uma força militar considerável. Sentiu-se seguro o suficiente para avançar, mas Mémnon ainda estava em liberdade.

O próximo passo da caminhada era o estabelecimento do controlo da costa sul da Ásia Menor e retirar todo o poder da frota do inimigo. Porém, Parménio fora reenviado para Sardis para levar a cabo campanhas contra os povos da Anatólia central. Por volta de meados do Inverno de 334/3, Alexandre encontrava-se em Faselis e aqui chegou uma curiosa informação por parte de Parménio. Este havia capturado um persa chamado Sisines, que tinha trazido a Alexandre Lincestes (nesse momento a servir as forças de Parménio) uma carta de Dario oferecendo 1000 talentos pelo assassinato do rei Alexandre. Quando Sisines contou esta história ao rei, Alexandre não sabia no que acreditar. Podia apenas ser uma conspiração por parte de Parménio para descredibilizar um possível rival? Ou seria verdade? Alexandre mais tarde haveria de afirmar que Olímpia o havia avisado por cartas sobre Lincestes. Alexandre teve o cuidado de prender o seu homónimo e mantê-lo sob vigilância apertada, mas deixou-o viver até ser implicado na alegada conspiração de Filotas no final de 330.

Resolvido este problema, Alexandre avançou pela costa até Panfília: as tropas marcharam pelo Monte Clímax por uma estrada especialmente construída por militares sapadores, mas Alexandre e os seus funcionários viajaram ao longo da costa. Num dado ponto, o mar ia contra os penhascos e contra o caminho estreito, mas o vento soprava para Norte e diminuiu o nível da água – embora as tropas ainda tivessem de atravessar o caminho com água pelo peito. O historiador Calístenes foi capaz de retirar o máximo deste acontecimento, como tendo sido um reconhecimento pelos elementos do grupo do seu novo mestre, prestando-lhe obediência.

As restantes cidades da região – Termesso, Aspendo, Perge, Selge e Sagalasso – foram rapidamente asseguradas e Alexandre preparava-se agora para atravessar as montanhas para se juntar a Parménio no Górdio. Tinha de passar por Celaenae, uma paragem na Estrada Real, e deixá-la segura quando partisse. Mas era impossível entrar na cidade e esta estava preparada para um cerco. Alexandre estava com pressa. Assim, deixou um dos seus generais, Antígono Monoftalmo, para vigiar a região e percorreu os 200 metros até Górdio, chegando aí em Março de 333. A cidade rendeu-se imediatamente. Com a chegada das forças de Parménio, provavelmente em Abril, o exército macedónio tinha-se reunido.

Mas as notícias vindas do Ocidente não eram boas. Mémnon havia reocupado muitas das ilhas Egeias e pode ter estado a planear invadir a Grécia directamente por Euboea. Alexandre foi forçado a patrocinar uma nova frota – uma despesa que esperara conseguir evitar – e a enviar guerreiros de volta para o campo de batalha grego.

Em Górdio teve a oportunidade de um grande triunfo. No palácio do lendário rei Górdios, fundador do reino da Frígia, havia uma carruagem cujo eixo estava atado a um poste por um nó de um ramo de corniso, com as pontas cegas. Uma tradição antiga, talvez inventada para a ocasião, dizia que quem conseguisse desatar este nó tornar-se-ia senhor de toda a Ásia. Alexandre contemplou o problema durante algum tempo e depois, com a sua habitual e impetuosa falta de paciência com pequenas dificuldades, cortou o nó com a sua espada. Calístenes não perdeu tempo em proclamar este feito como prova de apoio divino à campanha.

Uma outra prova de favor divino foi certamente a morte oportuna de Mémnon por doença, que aconteceu por volta desta altura. Em resultado, Dario não voltou a pensar numa possível campanha europeia. Os persas continuavam a dominar o Egeu, mas a sua estratégia centrava-se agora num combate terrestre directo com Alexandre – e esta era uma estratégia que também lhe agradava.

Enquanto Dario aguardava pela chegada de novas tropas na Babilónia, Alexandre apressou-se pelas terras da Anatólia até Cilícia. Forçando a sua entrada pelas portas bem defendidas da cidade, chegou a Tarso a 3 de Setembro de 333, após ter percorrido os últimos 55 quilómetros num único dia. Cheio de calor e exausto, mergulhou no rio Cidno para um banho refrescante e de imediato ficou doente. Espasmos e arrepios foram seguidos de uma febre alta e o rei ficou em repouso durante várias semanas. O seu médico privado, Filipe, preparou-lhe alguns medicamentos, possivelmente para baixar a febre, mas chegou uma mensagem de Parménio dizendo que Filipe estava a planear envenenar Alexandre. Alexandre leu a carta, deu-a a Filipe para que este a lesse e bebeu o medicamento. Felizmente, teve o resultado desejado, embora os seus efeitos iniciais tenham sido violentos, e Alexandre recuperou. Perguntamo-nos apenas qual terá sido a intenção de Parménio com este facto estranho.

Por esta altura, Dario tinha reunido um exército enorme – com o número incrível e improvável de 600 000 homens segundo Arriano (Arr. *Anab*. 2.8.6), mas com pelo menos metade deste número segundo as outras fontes, incluindo 30 000 mercenários gregos (Bosworth 1988, 57) – e caminhava paulatinamente da Babilónia em direcção ao Norte, acompanhado pelo tesouro real e pelas mulheres da corte, onde se incluíam a mãe de Dario, mulher e filha. As bagagens (embora não as mulheres nobres) haviam sido deixados em segurança em Damasco, e o exército acampou em Sochi, uma terra a pouca distância da costa do golfo de Iskenderun, mas separado dele pelas pastagens de Amanos.

Os desenvolvimentos eram lentos, uma vez que Alexandre ainda estava a recuperar da sua doença. Daí a pouco, avançaria em direcção a Este até Isso. Isso fica perto do topo do golfo de Iskenderun, dirigindo a entrada para uma planície costeira estreita entre o mar e as montanhas Amanos que vão dar à Síria. Não estando certo da posição de Dario – tal como Dario não estava em relação à de Alexandre – o rei macedónio avançou rapidamente para um lugar chamado Miriandro, perto das «Portas Sírias». Deixou a sua doença e feridas para trás em Isso. O que parece claro é que Alexandre (senão Parménio) antecipou o ataque apenas do sul, através das Portas Sírias. De facto, Dario dirigiu-se a Norte circundando a terra de Amanos e desceu no campo em Isso. Aqui, capturou os soldados hospitalizados e, após ter cortado as mãos deles e queimado os cotos com resina, enviou-os para mostrar a Alexandre a força do exército persa. Este exército descia agora em direcção a Alexandre vindo do Norte, pelas sua retaguarda.

O exército que tinha acabado de chegar a Miriandro tinha de regressar para enfrentar um inimigo que o tinha apanhado de surpresa. O exército de Dario colocou-se por detrás do rio Pinaro, algures no Sul de Isso. Existem vários riachos que atravessam esta planície; aquele em questão pode ter sido o Kuru Çay, a alguns 15 quilómetros a Norte da parte mais estreita da planície. Assim, tal como no Granico, havia um rio entre os dois exércitos. Dario ergueu uma barreira de estacas como um obstáculo adicional. Quando começou a batalha, o corpo de infantaria macedónio no centro foi imobilizado pelo rio e pelo terreno irregular e acidentado. A formação perdeu coesão na travessia e deu por si envolvida num combate frente-a-frente com os mercenários gregos persas, no qual os longos dardos foram pouco mais do que inúteis. Por outro lado, o espaço exíguo

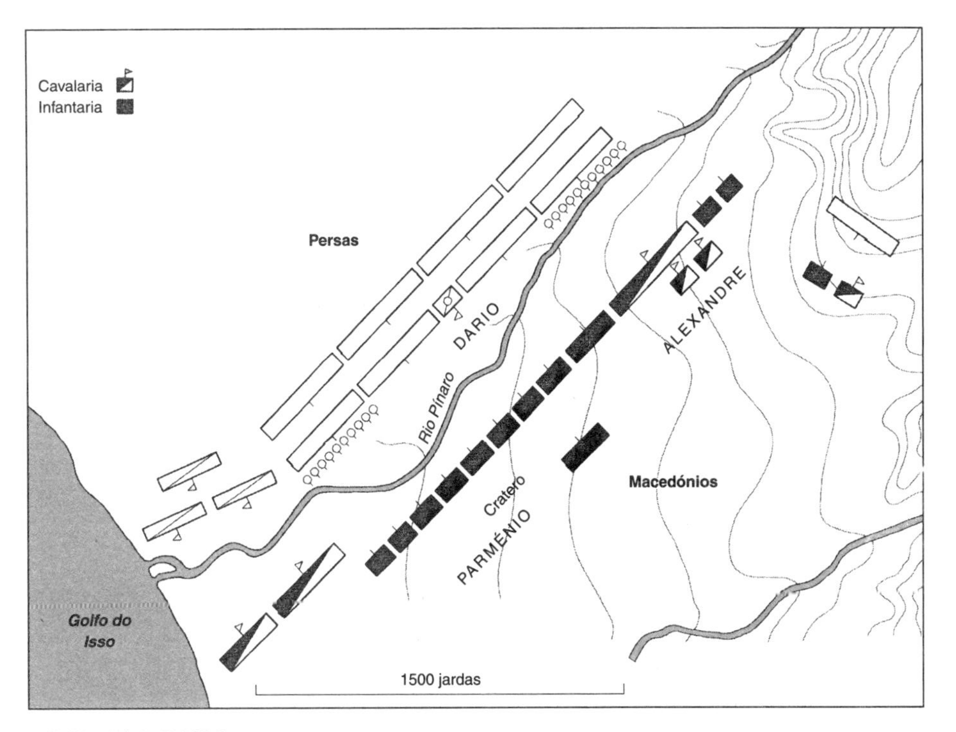


BATALHA DE ISSO

da planície significava que os números superiores dos persas, bem como o seu corpo de cavalaria, não lhes traziam qualquer vantagem. O corpo de cavalaria de Alexandre rapidamente destruiu o que restava dos persas, e depois voltou-se para o que restava de si próprio contra os mercenários gregos no centro persa. Num ápice, o próprio Alexandre localizou Dario e seguiu-o com a intenção de o matar – este momento está retratado no famoso mosaico da Casa do Fauno em Pompeia. Mas Dario, apanhando as rédeas da sua carruagem com as suas próprias mãos, voltou-se e conseguiu afastar-se bastante. Depois abandonou a sua carruagem e galopou a grande velocidade. O corpo de cavalaria persa recuou e fugiu também, protegido pela infantaria. Na mesma altura, o corpo de infantaria macedónio reagrupou-se e conduziu os mercenários de volta ao riacho. Em pouco tempo, o exército persa estava derrotado. Foram mortos ou capturados até 100 000 elementos da infantaria persa, enquanto 10 000 cavalos foram postos à solta. Os perseguidores macedónios seguiram por ravinas profundas cheias de cadáveres. Contudo, a noite caía, e provou-se impossível para os homens Alexandre capturar Dario.

Os macedónios rapidamente se apossaram do acampamento persa com a sua mobília valiosa, serviços de jantar de ouro e 3000 talentos de ouro, bem como as mulheres nobres. Alexandre tomou um banho na banheira de Dario – que um pajem designou como sendo agora a «banheira de Alexandre» – e, quando se instalava num sofá luxuoso para jantar, afirmou ironicamente: «Então isto é que é ser um rei.» O mesmo comentário havia sido feito pelo regente espartano Pausânias quando entrou na tenda de Mardónio 150 anos antes, segundo Heródoto (9.82 cf. Athenaeus 4.15). Seria Alexandre, ou a nossa fonte, Plutarco (*Alex.* 20), ou a fonte dele, Cleitarco, que está a citar o autor mais antigo?

As mulheres de Dario foram tratadas da maneira mais cavalheiresca e continuaram a receber as permissões e atenção que recebiam quando Dario era o seu senhor. Eram, de certeza, reféns importantes, mas também parece que Alexandre não tinha interesse em causar provações e humilhações desnecessárias. Como iria ser conhecido mais tarde, Dario era para ele um adversário político e militar, mas não por isso um inimigo pessoal que devesse ser humilhado.

Como resultado da batalha de Isso, Alexandre pôde sentir grande confiança na sua habilidade em combater o exército persa em batalhas. Mas ainda não tinha ganho a guerra. Haviam sido enviados dez mil mercenários para lutar outra vez. O próprio rei ainda estava vivo e em liberdade, e as cidades do leste ainda tinham de lhe prestar apoio o mais rapidamente possível, uma vez que o conquistador se aproximava. Não se sabia ao certo aonde tinha ido Dario. Por agora, a única escolha de Alexandre era a de continuar a avançar até que uma outra batalha campal decidisse a questão. Teriam de passar quase dois anos antes dessa terceira e decisiva batalha acontecer.

Figura 3. O Mocaico de Alexandre da Casa de Fauno em Pompeia: Museu de Nápoles. Este mosaico, baseado numa pintura do período helenístico, retrata o momento em que os reis rivais se encontram frente-a-frente na batalha. Pensa-se geralmente que retrata a Batalha de Isso. Contudo, um ponto de vista rival defende que, e porque uma árvore morta indicia um local desértico, tem de referir-se à Batalha de Armela (Gaugamela).

# 5

# O FILHO DE ÁMON

Depois de ter caminhado até Cilícia no Verão de 333, Alexandre não podia mais comportar-se como o libertador dos Gregos: tinha ultrapassado o território deles. A partir daqui, ele deveria passar a ser, como visto pelos olhos persas, um usurpador. Por esta altura, deve ter-lhe começado a passar pela cabeça que estava a caminho de se tornar o chefe do Império Persa, mesmo que ainda fosse, antes de mais nada, uma necessidade militar que ditava o seu avanço contínuo. Podia dizer que Dario precisava de ser forçado a reconhecer a sua autoridade sobre as regiões conquistadas. Além disso, ainda não tinha assegurado a zona costeira e o próximo passo lógico seria o de avançar até ao Levante. Seria também necessário que o Egipto lhe fosse leal. Mas nem tudo o que aconteceu no Egipto pode ser encarado como tendo tido significado militar. A visita ao oráculo de Ámon no Inverno de 332/1 pode ter sido propaganda, pode ter sido piedade, ou pode ainda ter sido uma aventura. O que quer que tenha sido, leva-nos até ao reino da psicologia de Alexandre e do seu impacto nos seus contemporâneos.

A estrada a sul de Isso colocava alguns problemas. A Cilícia e a Síria haviam sido deixadas nas mãos de dois dos companheiros, os amigos mais próximos escolhidos do rei que, no estilo homérico, agiam como seus conselheiros, conselheiros de guerra e, quando necessário, comandantes militares. (Os seus números por esta data eram limitados, mas na altura dos casamentos em Susa em Fevereiro de 324 havia 92. Estes companheiros de elite têm de ser distinguidos dos companheiros do Corpo de Cavalaria, uma divisão do exército e, naturalmente, um corpo muito maior.) Parménio fora enviado para assegurar a submissão de Damasco e as carruagens da bagagem persa. O Estado insular de Arado (Arwad) rendeu-se. Chegaram enviados a Marato (Amrit) por Dario pedindo as condições e o regresso das mulheres de Dario (Arr. *Anab*. 2.14). Mas os condições já não eram suficientes para Alexandre, que respondeu severamente que tinha vindo para se vingar da antiga agressão dos Persas para com a Grécia, e concluiu com um pedido para que fosse designado no futuro como «Senhor da Ásia» e que Dario viesse encontrar-se com ele pessoalmente se quisesse negociar.

> Pede a tua mãe, a tua mulher e filhos, e o que quiseres, quando tiveres chegado, que os receberás de volta. Terás tudo o que me convenceres a dar. E, no futuro, quando te dirigires a mim, refere-te a mim como o

> Rei da Ásia e não respondas como um igual, mas diz-me, enquanto senhor de tudo o que te pertence, o que precisas. Se assim não for, deverei fazer planos para te tratar como um crápula. Mas se desejares o reinado, luta por ele, e não fujas, pois perseguir-te-ei aonde quer que estejas.
>
> (Arr. *Anab.* 2.14.8-9)

Biblos e Sídon renderam-se. Era de se esperar que a cidade insular de Tiro, o antigo porto fenício, também o faria. Alexandre começou por pedir autorização para vir e sacrificar-se a Melcart – que os gregos identificavam com Héracles – no seu festival, que estava agora a decorrer, em Fevereiro de 332. Contudo, em Tiro recusaram-se a deixar Alexandre entrar na cidade e sugeriram que se sacrificasse na Tiro Antiga, em terra. Assim, Tiro iria preservar a sua neutralidade, já que permitir que o rei presidisse à cerimónia religiosa dentro das suas muralhas seria sinónimo de reconhecimento da sua soberania. Estavam preparados para oferecer uma aliança, mas Alexandre insistia na submissão. Os mensageiros que enviara para negociarem um acordo pacífico foram assassinados pelos habitantes de Tiro e atirados por cima das ameias. A partir daqui, nada mais do que uma conquista total iria satisfazer Alexandre.

A captura de Tiro não era talvez estrategicamente necessária: Worthington sugeriu que se se tivesse colocado uma base militar em terra, poder-se-ia manter a cidade insular controlada. O principal motivo estratégico de Alexandre era a necessidade de obter o controlo da frota fenícia e lançar sobre a cidade um clima de medo (Arriano 2.17.2-3). O cerco de seis meses mostra-o, mais uma vez, como um mestre em tácticas e da arte de se fazer um cerco, mas suspeitamos desde logo de impetuosidade ao levar a cabo um cerco completo.

Uma vez mais, Alexandre terá lamentado a falta de uma frota. Tiro ficava numa ilha a cerca de meio quilómetro da costa e o canal que separava as duas terras atingia em alguns pontos 65 metros de profundidade. Como podia ele levar armas e tropas até perto das muralhas sem barcos? A sua resposta foi construir uma ponte ou um paredão desde a costa até às muralhas. A Tiro Antiga fornecia as pedras, a madeira foi trazida das encostas do Líbano e o paredão começou a avançar. Os habitantes de Tiro desde logo começaram a atacar os construtores com setas e catapultas. Alexandre tinha construído muros de protecção contra estes ataques. De Tiro, enviaram um barco de fogo que os incendiou, bem como muita da artilharia de Alexandre. Assim, construiu novas torres e nova artilharia. Mas precisava de barcos. Felizmente, as notícias vindas de Isso trouxeram a novidade de que havia uma grande lacuna nos fenícios e noutros esquadrões da frota persa, e Alexandre passou em breve a dispor de uma armada de mais de 100 barcos que rapidamente bloquearam Tiro pelo lado do mar. Estes barcos atacaram as muralhas com armas, enquanto a artilharia no paredão estava agora preparada para bombardear o lado este da ilha. À medida que o cerco se tornava mais intenso, em Tiro inventaram novas armas, tais como caldeirões de areia e terra que eram aquecidos até ficarem bem quentes e eram depois colocados pelas forças nas muralhas para criar mais camadas de parede. O ataque final aconteceu a 30 de Julho e as tropas de Alexandre entraram pela cidade. A sua vingança por meio ano de sofrimento foi tão violenta como o saque de Tebas. O rei foi poupado, mas 30 000 prisioneiros foram vendidos como escravos e 2000 dos defensores foram crucificados. (Pelo menos assim o diz Cúrcio; o mais moderado, ou o mais favorável, Arriano, embora concordando no número de escravos, não refere as crucificações). Alexandre estava, por fim, capaz de completar o seu sacrifício no templo de Melcart.

Tiro é o primeiro exemplo da tendência de Alexandre para governar pelo terror (como será visto depois, no incêndio de Persepólis e da barbaridade na campanha indiana). A crueldade pode também ter sido espoletada por um sentimento de desespero devido à duração do cerco (Cúrc. 4.3.11, 4.1). O êxito posterior de Alexandre, tão claro para nós, não era um dado à partida, e um fracasso nesta altura era possível, enquanto Dario (não se sabia) estava cuidadosamente a planear a sua próxima batalha.

Um elemento fundamental para o êxito desta operação foi a concessão de provisões às suas tropas. Era regularmente enviada comida para os campos vizinhos e, a certa altura, o historiador judeu Josefo diz-nos que fora enviada uma mensagem para o sacerdote superior em Jerusalém pedindo ajuda e mantimentos. Esta embaixada, que não é referida nas outras fontes, tornou-se a peça fulcral de uma elaborada lenda judaica, segundo a qual Alexandre visitou de facto Jerusalém. De acordo com esta história, ele fora presenteado com uma visão do profeta Jeremias que lhe resumiu o que iria encontrar nesse lugar. Quando chegou, o sumo sacerdote e todo o seu séquito haviam-se reunido no monte Escopo para o cumprimentar. Alexandre espantou os seus companheiros ao ajoelhar-se e prestando obediência perante o sumo sacerdote. Quando desafiado por alguém presente, explicou que não tinha prestado homenagem ao sacerdote, mas ao Deus Único que ele representava. Os judeus então trouxeram-lhe o *Livro de Daniel* e leram-lhe a profecia no capítulo 8 que devia aplicar-se a Alexandre. A história é marcada pela ficção uma vez que o Livro de Daniel não foi escrito até aproximadamente 200 anos depois da morte de Alexandre, mas contém uma parte da percepção contemporânea e mais recente do rei. Apesar dos seus ataques no Levante, permaneceu um herói na tradição judaica. Possivelmente, tais lendas reflectem, de algum modo, as próprias preocupações religiosas de Alexandre, as quais se salientaram como nunca durante estes anos no Levante – como veremos.

Segundo Arriano (Arr. *Anab.* 2.25.1), chegara uma nova embaixada de Dario durante o cerco de Tiro, desta vez trazendo cartas oferecendo um resgate de 10 000 talentos pelas mulheres e a cedência de todo o território a oeste do Eufrates, e a mão da sua filha em casamento para cimentar uma aliança entre os dois reis. Parménio «disse a Alexandre que estaria contente por terminar a guerra nestes termos sem mais riscos [...]. Alexandre respondeu a Parménio que também ele o faria se fosse Parménio, mas como era Alexandre, daria a resposta que efectivamente deu»: tudo o que Dario lhe oferecia já era seu se o quisesse (Arr. *Anab.* 2.25.2-3).

Este acontecimento coloca um problema, uma vez que é relatado em termos muito próximos por outros historiadores (Plut. *Alex.* 29.7-9, Cúrc. 4.11, Diod. Sic 17.54.1-5), como acontece no regresso de Alexandre do Egipto no Verão de 331, pouco antes da batalha de Gaugamela – embora nestes autores o resgate proposto seja de 30 000 talentos. As autoridades mais modernas aceitam a última data, enquanto Hammond (1993, 62), insistindo no valor superior de Arriano, baseado, como acredita, nos «Diários Reais», prefere ter a troca de cartas neste acontecimento. Salienta que é mais plausível supor que as cartas faziam parte de uma rápida correspondência (Marato: finais de 333; Tiro: meados de 332) mais do que terem sido enviadas com mais de um ano de distância. Mas também podemos supor que as cartas de Dario foram inspiradas pela iminência de uma nova batalha. Pode ter julgado, à medida que Alexandre se dirigia para o Egipto, que o seu problema havia desaparecido. A questão não pode ser respondida com certeza e mostra claramente como os problemas de interpretação podem estar ligados aos princípios gerais: neste caso, a avaliação que Hammond fez de Arriano e a sua crença nos «Diários Reais» determinam a sua avaliação das provas acerca do episódio em questão, enquanto Bosworth (1988. 76) e Hamilton (1969. 76-7) medem as fontes uma contra a outra como sendo de valor igual e dão primazia à maioria.

Estas embaixadas de Dario foram interpretadas como as acções de um rei fraco ou cobarde. (Arriano [3.22.2] chama-lhe «pouco firme e sem ânimo».) Certamente que a Dario, como novo chefe, lhe faltava experiência militar. Sem dúvida que os seus conselheiros subestimaram Alexandre na altura de Granico, e a batalha de Isso fora um erro estratégico que conduziu à captura desastrosa do acampamento e das mulheres de Dario. Mas Dario permaneceu preparado para arriscar todos numa terceira batalha, enquanto as dificuldades de Alexandre em Tiro mostraram uma ruptura na sua força armada que Dario podia explorar para recuperar o seu estatuto. O regresso das mulheres era desejado, mas as ofertas de território nas cartas de Dario parecem inconsistentes com a confidência das preparações para Gaugamela. Não podemos ter a certeza se as cartas de Dario continham apenas o que as nossas fontes dizem que continham. Briant (834-6) salienta as contradições na descrição de Dario das fontes: tanto em pânico como decidido, pessimista e intransigente.

As notícias da queda de Tiro asseguravam a submissão imediata das restantes cidades costeiras do Levante. Apenas Gaza resistia, e viria a ser derrubada por um outro cerco. Durante o combate, Alexandre foi gravemente ferido com uma seta no ombro e perdeu muito sangue. Quando se arrastava de volta até ao campo de batalha, a sua perna foi partida por uma pedra de uma catapulta. A sua vingança, quando a cidade foi destruída após dois meses, consistiu em matar 10 000 defensores e vendeu as mulheres e as crianças como escravos. O rei de Gaza, Batis, um eunuco enorme e corpolento, teve o privilégio de servir de modelo, na terrível vingança de Aquiles sobre o cadáver de Heitor: Batis, ainda vivo, foi ligado a uma carruagem com uma corda, que passava pelos seus tornozelos, e arrastado pelas muralhas da cidade até morrer. A autoria deste episódio é de Cúrcio (4.6.15f). Uma versão ligeiramente diferente é dada num fragmento de Hegésias (*FGrHist* 142F5), e não em Plutarco ou em Arriano. Hammond (1983. 124-8) defende que a fonte é Cleitarco, devido à ligação com Aquiles que é salientada, e Bosworth segue esta perspectiva.

Tanto Plutarco como Arriano (ao contrário do crítico Cúrcio) estavam inclinados para pintar um retrato de Alexandre mais brilhante e, assim, há a probabilidade de esta história terrível ser verdade.

Daqui, Alexandre partiu rapidamente para o Egipto. Os egípcios, que apenas recentemente haviam sofrido a reinstauração do poder persa, receberam-no de braços abertos, como um libertador, e em Novembro de 332 foi (provavelmente) coroado como faraó em Mênfis. Apenas a obra *Romance de Alexandre* refere de facto a coroação e pode acontecer que não tenha sido realizada qualquer cerimónia formal. Alexandre fora apenas reconhecido como o último da linha dos governantes e foram-lhe dados um título real e uma inscrição epigráfica. A obra *Romance de Alexandre,* baseada na lenda de que Alexandre era realmente o filho do último faraó, Nectanebo, relata que a Alexandre foi mostrada uma estátua de Nectanebo, enorme e em basalto, na qual estava inscrito: «O rei que fugiu regressará ao Egipto, não mais um ancião, mas um jovem, e sujeitará os nossos inimigos persas a nós.» Tal como a lenda do nó górdio, é provável que uma inscrição como esta tenha sido rapidamente planeada para o momento, mas como o *Romance* contém muitos sinais de origem egípcia, pode muito bem preservar uma tradição genuína acerca desta visita.

Alexandre, agora venerado como um rei-deus e sucessor do faraó, deve ter começado, em relação aos seus êxitos tremendos, a pensar se era de facto, nos termos do mundo antigo, um ser sobre-humano. A divinização dos mortais estava apenas a começar a ser moda: o general espartano Lisandro (morto em 395) fora o primeiro a receber culto como deus (em Samo), mas o exemplo que Alexandre definiu mais tarde na sua vida iria tornar-se a norma para os governadores nos séculos que posteriores. Aqui vemos as suas primeiras «intimações de imortalidade» (pedindo emprestada a bonita e pertinente expressão que Peter Green utiliza num dos títulos dos seus capítulos). Podemos atribuir a estas considerações a sua decisão de fazer uma peregrinação ao oráculo de Ámon em Siva, meio quilómetro a oeste de Mênfis, no deserto líbio.

Figura 4. Alexandre como Faraó prestando homenagem ao deus Min. Luxor. Fotografia: Peter A. Clayton.

Ámon era um deus com forma de um homem e com chifres de carneiro e era identificado pelos gregos com Zeus. Algumas cidades gregas adoravam-no, no século v a.C., mas era predominantemente uma divindade egípcia. As lendas sobre o nascimento de Alexandre contam que Olímpia o deu à luz como sendo filho de Ámon e não de Filipe. Alexandre queria descobrir a verdade em relação ao seu pai (Arriano, Cúrcio, Justino); desejava ultrapassar as conquistas de Perseus e de Héracles (Estrabão, Arriano); Arriano (Arr. *Anab.* 6.19.4) indica que Alexandre queria perguntar a Ámon a que deuses devia sacrificar-se à medida que a sua expedição progredia, e é razoável partir do princípio de que também queria a confirmação do oráculo antes de embarcar no que pretendia fazer a seguir, nomeadamente fundar uma cidade em seu próprio nome para ser o centro administrativo do Egipto (Welles 1962). Arriano e Plutarco localizam a fundação de Alexandria antes da expedição a Siva, mas Cúrcio, Diodoro e a obra *Romance de Alexandre* localizam-na depois, embora sem qualquer ligação causal explícita.

Esta visita a Siva apresenta-nos, pela primeira vez, a ideia do «desejo» de Alexandre (a palavra grega é *photos*: Arr. *Anab.* 3.3.1), o que se torna um motivo no relato de Arriano da vida de Alexandre a partir deste ponto. (Arriano já se referira ao *photos* uma vez, em 1.3.5, quando Alexandre foi atravessado por um desejo de atravessar o Danúbio. Cúrcio também se refere a este facto frequentemente através do termo latino *ingens cupido*.) A palavra parece implicitar uma espécie de vontade romântica, um desejo de ir sempre «mais além»; pode também estar etimologicamente relacionado com uma palavra que significa «rezar», havendo, em qualquer dos casos, uma dimensão também religiosa do seu desejo. O termo surge ligado à exploração do Este: aqui, como depois, tal não seria negado, e a força expedicionária tinha de acompanhar esta quebra do serviço activo.

A peregrinação a Siva tornou-se uma peça narrativa para os historiadores de Alexandre. Concluíram que se tratava de uma marcha directa pelo deserto, e portanto através da depressão de Qattara, mas de facto Alexandre deve ter seguido a estrada costeira até Mersah Matruh (Paraetonium) e avançado para terra por aqui. A maioria deles contou – desde Calístenes – que o caminho foi mostrado por um grupo de corvos (não é improvável, uma vez que também os pássaros seriam afogados na água do oásis). Ptolomeu aprofundou este facto ao afirmar que a companhia foi conduzida por duas cobras falantes. Diodoro (Diod. Sic. 17.50.6) faz uma descrição viva do oásis, com cerca de 50 estádios (cerca de 11 quilómetros), com uma mágica Fonte do Sol que ficava fria durante o dia e aquecia à noite. «A imagem do deus está incrustada de esmeraldas e de outras pedras preciosas e responde àqueles que consultam o oráculo de uma forma especial. É transportada por 80 sacerdotes num barco dourado, e estes, com o deus nos seus ombros, avançam sem vontade própria aonde o deus conduz o seu caminho.»

Os pormenores reais da conversa entre Alexandre e o padre superior são relatados de maneiras muito diferentes e, como estava apenas Alexandre no templo, nenhuma outra pessoa pode saber com certeza o que se passou lá dentro. Todos os relatos históricos têm de ser, até certo ponto, fictícios. Plutarco, Diodoro, Justino e Cúrcio seguem todos Cleitarco. Calístenes alegou que Alexandre foi proclamado como filho de Zeus. Plutarco e a vulgata vêem Alexandre como tendo sido proclamado «filho de Ámon» – o que oficialmente foi, como faraó. Se Alexandre não viveu uma cerimónia de coroação em Mênfis, uma designação como esta deve ter sido uma surpresa e uma que o fez reflectir sobre o seu «estatuto» divino.

Este acontecimento levanta uma grande questão sobre a visão do próprio Alexandre acerca da sua relação com o deus. Para os gregos (e para os macedónios) Ámon é um outro nome para Zeus. Daqui para a frente, a devoção de Alexandre a Ámon é evidente: dedica-lhe sacrifícios regularmente, deseja ser enterrado no seu templo (Diod. Sic. 18.2.5, Cúrc. 10.5.4, Just. 12.15.7). Mas será que se via a si próprio como realmente seu filho? Geralmente reagia com raiva a comentários jocosos acerca do seu «divino pai Ámon»: uma das objecções de Filotas ao comportamento de Alexandre era esta opinião (p. 119). Os comentários jocosos de Cleito em relação a Alexandre sobre este assunto levaram ao seu assassinato (pp. 125-127), e os rebeldes em Ópis também troçavam da origem divina de Alexandre, o que conduziu à morte de vários (p. 159). Bosworth (1977) comentou que a sua raiva vinha de uma recusa para não reconhecer Filipe como seu pai e que o seu pedido ia ao encontro de uma ascendência dual (divina e humana), tal como heróis como Héracles e os Dioscuros. Segundo Efipo, Alexandre foi coroado como filho de Ámon em Ecbatana em 324. No fim, as provas são contraditórias, embora a probabilidade parece estar mais pendente para o facto de Alexandre encarar-se a si próprio como filho de Ámon (por que motivo teriam sido feitos os comentários jocosos se ele não deu azo a tal, e por que razão devia ele dar-lhes importância se não levava a ideia a sério?). Retomaremos a esta questão na discussão sobre a alegada divindade de Alexandre (Capítulo 8).

Diodoro afirma que também Alexandre, para além das perguntas acima, perguntou se iria governar toda a terra e recebeu uma resposta afirmativa. A pergunta final, sobre a qual todas as fontes estão de acordo, foi se todos os assassinos do seu pai tinham sido punidos; uma vez mais, a resposta foi afirmativa, aliviando assim Alexandre da ansiedade de considerar que pudesse ter sido negligente, bem como da suspeita – talvez – de que a sua própria mãe tivesse tido influência na morte do pai.

De Siva, o grupo de Alexandre regressou pela mesma estrada ao longo do deserto e depois pela estrada costeira até ao lago Mareotis. O *Romance* torna claro que viajou por Paraetonium, ao contar uma história que explica o nome do lugar (uma seta de um archeiro, disparada para um veado, não «atingiu o alvo»). Pouco depois de ter passado o promontório de Tafosirion, identificou o lugar onde queria construir a sua cidade. Foi construída na forma de um manto macedónio, num sistema de eixos e planeada pelo arquitecto Deinocares. Alexandre marcou a linha das muralhas com sementes de cevada. Os pássaros baixaram e picavam os grãos – um facto que foi primeiramente encarado como um mau sinal até que o vidente oficial, Aristandro, esclareceu o assunto ao anunciar que o sinal significava que a cidade seria uma mãe e um lugar rico em recursos para muitas pessoas. A data oficial da fundação da cidade foi o dia 7 de Abril de 331. O *Romance* entra em grande pormenor acerca da disposição das ruas e dos bairros da cidade. Infelizmente, não pode ser traçada qualquer disposição da cidade original, uma vez que a actual cidade de Alexandria está sobre ela. No entanto, as escavações subaquáticas no porto continuam (2004) a recuperar peças arquitectónicas e esculturais, bem como revelando, talvez, alguns dos palácios reais.

Alexandria foi a primeira de muitas cidades fundadas por Alexandre. O *Romance* e outras fontes fazem uma lista, com variações, de 20 ou mais cidades chamadas Alexandria, e Plutarco (Plut. *de fort. Alex* 328e) refere mais de 70. Um estudo recente feito por P. M. Fraser (1996) mostrou que muitas delas são de facto fundações dos reis selêucidas que se seguiram a Alexandre e que foram designadas com o seu nome. Outras são invenção, e apenas poucas na Ásia Central podem ser encaradas como efectivamente fundadas feitas por Alexandre (ver p. 124). Mais, a Alexandria no Egipto é a única cidade que oferece uma «etnia» ligada a um nome próprio (na forma de «X de Alexandria»).

A fundação de uma cidade era, antes de mais, uma maneira de sustentar tropas já envelhecidas. Uma cidade assim agiria como um centro administrativo e económico da sua região. Seria um conjunto de aldeias com habitantes gregos e macedónios. Seria fortificada, teria provavelmente um campo militar e poderia conter aquelas construções gregas de lazer como um ginásio ou um teatro. A Alexandria foi uma fundação incrivelmente bem-sucedida, e desenvolveu-se tornando-se uma das maiores cidades do mundo antigo (e também do moderno).

Alexandre partira agora do Egipto e regressara a Tiro. Ao longo da sua visita ao Egipto, Dario havia estado a reunir forças para uma terceira fase de guerra. Entre os seus aliados estavam os Báctrianos, chefiados pelo sátrapa de Besso, e como novo armamento tinham uma força de 200 quadrigas armadas. Alexandre devia saber o que o esperava à medida que avançava em direcção ao Império Persa.

Figura 5. Alexandre orientando a construção de Alexandria. De MS D (Venetus) do *Romance de Alexandre*.

Da Grécia vinham mais notícias perturbadoras relativas a uma revolta planeada pelo rei Ágis de Esparta. Atenas, felizmente, recusara contribuir com barcos, mas muitas das ilhas estavam agora com revoltas e Ágis obtivera o controlo de Creta. Uma força macedónia de 22 000 homens cercou Megalopólis no Verão de 331, enquanto Alexandre enviava uma força naval comandada por Anfotero para gerir o domínio naval. Contudo, quanto mais avançava para Este, menos importantes se tornavam para ele os assuntos gregos. Tudo podia, e devia, ser deixado ao cuidado de Antípatro. Alexandre referiu-se à campanha como uma «batalha de ratos na Arcádia» (Plutarco, *Agesilaus* 15). De facto, a revolta de Ágis terminou por volta do final do Outono de 331, com a morte de 5300 gregos e 3500 macedónios. Porém, a negligência de Alexandre em relação àquele pequeno país nas suas fronteiras ocidentais viria a resultar numa miséria considerável para as cidades gregas ainda antes da sua vida terminar.

No início do Verão de 331, Alexandre atravessou o rio Eufrates em Tapsaco (que nunca foi identificada com total certeza), num território que ainda era inegavelmente persa. A guerra começara outra vez.

# 6

# A CONQUISTA DA PÉRSIA

O exército de Alexandre atravessou o rio Eufrates no pico do Verão de 331 (provavelmente em meados de Julho). O objectivo de Alexandre era a Babilónia, mas como iria ele chegar até essa cidade? Uma possibilidade era caminhar directamente pelo Eufrates abaixo através da planície mesopotâmia, que atinge temperaturas de 40°C no Verão, e é uma região árida e escassa em comida. Existem alguns sinais de que era este o percurso que Dario esperava. O sátrapa Mazaeus avançou pelo Eufrates até perto do exército de Alexandre e depois retirou-se incendiando a terra à medida que fugia, o que iria tornar o avanço de Alexandre mais difícil. Peter Green sugere que Dario esperava que Alexandre repetisse a táctica de Ciro, o Jovem, que caminhara Eufrates abaixo a caminho da Babilónia em 401 e vencera a batalha de Cunaxa mas fora morto. Se assim for, as acções de Mazaeus tornaram um tal movimento mais difícil. Em vez disso, Alexandre avançou em direcção a Norte e Este, contornando as montanhas da Arménia, e chegou ao rio Tigre perto de Mosul. Gastou várias semanas nesta viagem de uns meros 500 quilómetros, que podia ter sido feita em 15 dias. Quando chegou, havia um eclipse total da lua; Arriano afirma que este acontecimento precipitou Alexandre a sacrificar-se ao Sol, à Lua e à Terra. Aristandro, o vidente, interpretou o eclipse como um sinal favorável a Alexandre.

Figura 6. Este tetradracma foi cunhado por Mazaeus quando este foi sátrapa de Cilícia. Representa o deus Baaltarz (Baal de Tarsos) na cara e na coroa um leão a atacar um touro, com o nome de Mazaeus (Mazdai) em Aramaico. A escrita é aramaica mas o estilo artístico é grego. Colecção do autor.

Entretanto, Dario, mesmo não tendo a intenção de forçar este avanço, soube da direcção tomada por Alexandre e avançou para um lugar conhecido como Gaugamela («espaço-de-camelo») perto da cidade de Arbela. Surpreendentemente, não se opôs à travessia de Alexandre do rio Tigre, que foi fácil de realizar naquela estação de Setembro, preferindo reservar a força de cavalaria para uma batalha violenta no espaço por si escolhido. Pela terceira vez, Alexandre teve de lutar num terreno escolhido pelo inimigo, e desta vez era ideal para os Persas – uma vasta planície com espaço suficiente para as manobras da cavalaria e carruagens. A cavalaria de Dario ultrapassava em número a de Alexandre, numa proporção de cerca de cinco para um, embora o exército total de Alexandre atingisse agora cerca de 47 000 soldados, sendo cerca de 7000 deles elementos da cavalaria.

É aqui que os autores da Vulgata colocam a segunda proposta de prazos por Dario (ver pp. 88-89), levado pelas notícias de que a sua mulher tinha acabado de morrer em cativeiro, e a recusa de Alexandre do conselho de Parménio para os aceitar e regressar à Macedónia.

O conselho de Parménio nesta ocasião (Arr. *Anab.* 3.10.1-2) era que, perante tais forças superiores, a única esperança de êxito seria um ataque nocturno surpresa. A resposta desdenhosa de Alexandre foi que ele «não roubaria uma vitória». Após ter estabelecido a sua estratégia, dormiu profundamente antes de uma batalha que lhe correria de feição. A batalha teve lugar a 30 de Setembro ou a 1 de Outubro. As fontes são algo pormenorizadas no que diz respeito à acção – segundo Aristobulo, a «ordem de batalha» persa caiu nas mãos de Alexandre depois do acontecimento – mas é difícil de afirmar com precisão o que efectivamente aconteceu, e foi impossível no próprio dia, devido à enorme quantidade de pó levantada pelo embate dos exércitos neste terreno deserto.

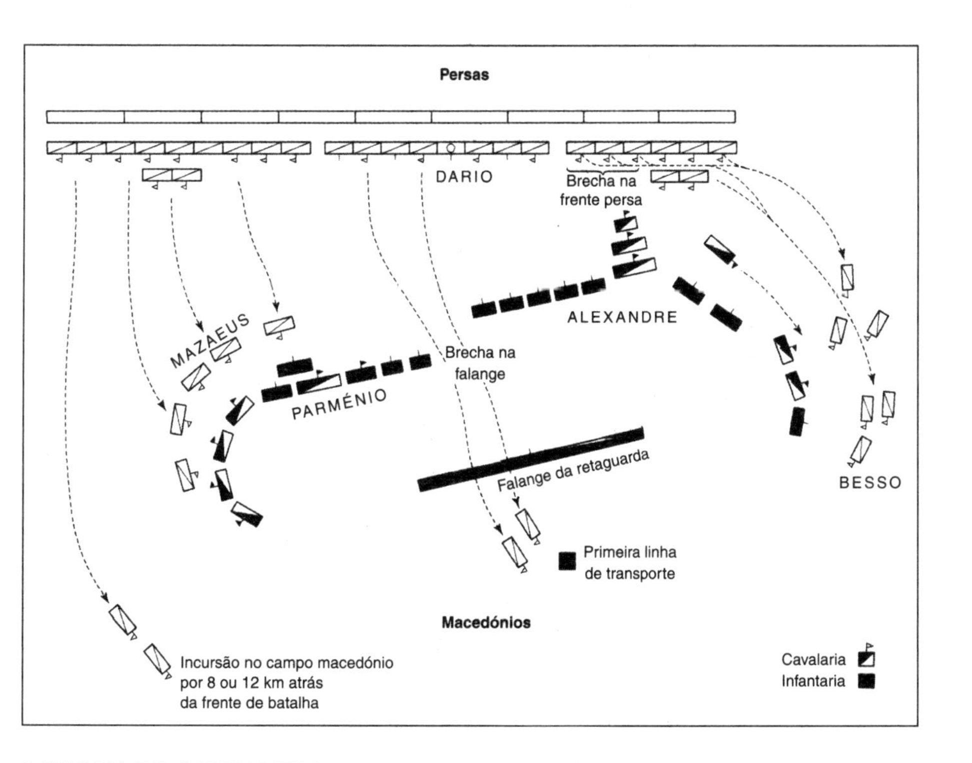


BATALHA DE GAUGAMELA

Segundo Arriano (3.8), Dario juntara um milhar de homens de infantaria e 45 000 elementos da cavalaria, mais 200 carruagens com armas e alguns elefantes, de maneira a poder enfrentar o exército de Alexandre composto por 7000 cavalos e 40 000 elementos a pé. Sendo os números incríveis, é claro que os do exército persa ultrapassavam em muito os de Alexandre, e o terreno havia sido escolhido e nivelado por Dario para favorecer a sua ala mais forte – a cavalaria. (A linha persa talvez parecesse mais numerosa aos macedónios devido à sua grande extensão.) Os alinhamentos da batalha mostram um conflito que Dario, segundo qualquer cálculo racional, devia ter ganho.

A ala direita de Alexandre avançou para o terreno acidentado para o lado direito: a cavalaria bactriana avançou também para os cercar e começou um combate aceso. As carruagens armadas avançavam agora, mas provaram ser bastante ineficazes, uma vez que a falange apenas se afastava para elas passarem. O movimento da cavalaria de Dario deixou uma brecha na frente persa; Alexandre, a cavalaria e a infantaria pesada dirigiram-se a esta brecha, forçaram a entrada e foram directamente em direcção a Dario. «Agora, por breves instantes, esta tornou-se uma luta frente-a-frente [...] quando a falange macedónia, sólida e com os dardos em riste, tinha chegado perto deles e Dario, que há muito estava em pânico, não via agora mais do que imagens de terror à sua volta, foi o primeiro a voltar-se e a ir embora» (Arriano 3.14.3). As flechas macedónias mostraram ser impossíveis de resistir e os persas foram escorraçados.

No que restava dos macedónios, os persas avançaram para cercar e ladear as tropas de Parménio. Alexandre e a cavalaria avançaram e atacaram as tropas persas (assim o afirmam Arriano e Cúrcio), e uma luta violenta frente-a-frente deu a vitória aos macedónios. As baixas, segundo Arriano, foram a morte de vários companheiros e a de cerca de 100 soldados macedónios, enquanto os Persas perderam 30 0000 (Diodoro, 90 000, Cúrcio, 40 000). Os números são, uma vez mais, incríveis, mas a vitória foi conclusiva – em parte em resultado, segundo o relato de Arriano, da capacidade de Alexandre de estar, na realidade, em dois lugares ao mesmo tempo. Levanta-se novamente a suspeita: como pôde Alexandre, deixado sozinho para vir em socorro, abandonando as tropas no lado esquerdo, ver se estava a avançar pela direita?

Não só a frente de batalha era extremamente extensa, mas toda esta cena decorreu numa enorme nuvem de pó. Talvez se deva dar mais crédito a Parménio e às suas tropas do que a Arriano ou à sua fonte (Bosworth 82). O principal objectivo de Alexandre deve ter sido o de capturar Dario, e podemos concluir que ele deve ido ao seu encontro contra a ala esquerda persa. Independentemente do que de facto aconteceu, no final o terreno era de Alexandre, juntamente com 4000 talentos em moedas nas tendas persas. Porém, Dario tinha escapado de novo.

Alexandre podia agora proclamar-se justamente como chefe do Império Persa, mas ainda tinha de encontrar Dario e formalmente livrar-se dele. Contudo, não havia necessidade de o fazer de imediato. A estrada para a Babilónia abria-se perante ele. Antes do fim de Outubro, recebeu a rendição de Mazaeus e entrou no canto dos sacerdotes através da Porta de Ishtar. A rendição da Babilónia representava a vitória final de Alexandre, uma aceitação simbólica do seu governo mais significativa do que o êxito militar de Gaugamela.

As medidas de controlo que desenvolveu a partir desta altura da campanha foram, por um lado, uma consequência natural do que já havia aplicado mas, por outro lado, representava uma tendência «orientalizante» na sua chefia. Mazaeus foi confirmado como chefe da Babilónia, devendo lealdade agora a Alexandre e não a Dario – embora tivessem sido designados um oficial de finanças e um comandante do posto militar macedónios, como em Sardis. Em muitas outras cidades conquistadas, Alexandre deixara em funções os chefes já existentes e os governadores nas suas posições, mas agora confirmava ou seleccionava novos chefes oriundos da nobreza persa, o povo que tinha conquistado. Torna-se claro que Alexandre estava a torna-se ele próprio Rei da Pérsia, deixando as suas raízes macedónias para trás. Para além dos limites do mundo grego, os costumes eram muito diferentes e um rei credível tinha de se comportar de maneira diferente na Babilónia e no Irão do que um macedónio «o melhor entre os iguais». Este facto viria a tornar-se um problema mais tarde. Porém, os postos militares permaneceram macedónios, com oficiais macedónios, e as finanças também estavam geralmente nas mãos dos macedónios. Na Babilónia, Hárpalo rapidamente adquiriu o controlo do local de cunhagem de moedas de Mazaeus. Parece que os macedónios não aprenderam, na generalidade, a falar persa. Peucestas, que foi designado governador de Persis, é o único a ser mencionado como conhecendo a língua (Arr. *Anab.* 6.30.3, 7.6.3). Sabe-se que um ou dois gregos o fizeram (por exemplo, Laomedon), mas pode não ter sido regra geral. Na mesma altura, Alexandre desenvolveu um interesse considerável pela religião babilónia e agora, frequentemente, seguia os conselhos dos sacerdotes caldaicos.

Depois de um mês na Babilónia, Alexandre mudou-se para Susa, a segunda capital do Império Persa, que fica numa planície bastante quente e húmida perto do Golfo Pérsico. Alcançou-a em meados de Dezembro de 331, e o sátrapa de Susiana, Abulites, recebeu-o sem oposição e foi confirmado nos registos, juntamente com um comandante de posto militar e general macedónio. A riqueza de Susa incluía não só 40 000 a 50 000 talentos de ouro e prata, mais 9000 talentos em moeda de ouro, que Abulites fez de imediato para Alexandre, mas também quantidades consideráveis de bens pilhados de Xerxes da Grécia, incluindo as estátuas dos tiranicidas Harmódio e Aristogiton (actualmente no Museu Arqueológico em Nápoles).

Esta recuperação de um tesouro nacional, e o seu regresso à Grécia, devia ter assegurado às tropas gregas e macedónias que a correcção dos erros dos Persas ainda fazia parte dos planos. Estavam a ficar desencantados com o avanço aparentemente interminável e, para aumentar o desânimo, Alexandre tinha agora efectuado uma reorganização radical no exército, tendo dividido todos os grupos terrestres e as promoções eram agora baseadas no mérito e não na idade. Mais tarde, na Primavera de 329, a cavalaria foi igualmente reorganizada em novas unidades designadas por hiparquias. Diodoro salienta que o objectivo primeiro desta reorganização era o de fazer sobressair a lealdade do exército e apenas depois melhorar a sua eficácia.

Descobriu-se em Susa que o sátrapa de Media, Oxídates, estava sob sentença de morte imposta por Dario por um crime não especificado. Alexandre libertou-o e voltou a colocá-lo como sátrapa de Media, garantindo assim a sua grata lealdade. Esta lealdade, porém, parece ter falhado e, em 329, foi substituído por Atropates. Mais a Este, foi aplicado o mesmo princípio nas outras satrapias.

Por volta do início de Janeiro, Alexandre atravessou a passagem desde Susa até à planície de Persepólis, a capital cerimonial persa. Veio resistência tanto de uma tribo das montanhas, conhecida pelo nome de Uxii, que tinha o hábito de cobrar portagens aos viajantes que passavam, e de um novo exército reunido por Ariobarzanes, o sátrapa de Persis. Mas quando estes foram afastados, o governador de Persepólis, Tiridates, estava pronto a render-se. Frasaortes foi designado como o novo sátrapa de Persis, mas também havia um resistente posto militar. A vasta riqueza de Persepólis – calculada na Vulgata como sendo de 120 000 talentos – foi recolhida e enviada em grande parte para Susa, embora alguma dela tenha sido reservada para a caminhada futura do exército. O tesouro incluía a famosa «Hera Dourada» dos reis persas, descrita por Heródoto. Nada permaneceu em Persepólis.

Perto da cidade, Alexandre encontrou-se com uma delegação de gregos. Eram mercenários – eram alguns 800 no total – que haviam sido capturados em batalha numa ocasião desconhecida e que haviam sido horrivelmente mutilados, perdendo as orelhas e os narizes ou as mãos e marcados na testa. Aqui, mais uma vez, se escrevia um capítulo na «libertação dos Gregos».

Alexandre ofereceu a repatriação de todos, mas eles afirmaram sentirem vergonha de regressar para os seus naquele estado medonho, e optaram por receber os bens necessários para se sustentarem a si próprios como agricultores na região que passara a ser-lhes familiar.

Alexandre agora preparou-se para passar os meses frios na capital de Inverno do império. Visitou Pasárgada e o túmulo de Ciro, o Grande, mas por que razão ficou por tanto tempo? Pode ter sido por estar à espera de saber acerca do resultado da revolta de Ágis, e parece claro que não tinha qualquer urgência em ir no encalço de Dario. Mas a sugestão de Peter Green é sedutora – Alexandre tinha intenções de esperar em Persepólis até à altura do festival de Ano Novo em Abril, de maneira a poder desempenhar os deveres reais nesta data, sendo este o evento mais importante do ano religioso persa.

Contudo, deve admitir-se que as nossas fontes não mencionam o seu interesse neste festival (excepto o *Romance de Alexandre*). De facto, Alexandre permaneceu até Maio e foi então que uma grande celebração teve lugar, na qual foram bebidas enormes quantidades de vinho puro. (O vinho era uma característica importante da aristocracia macedónia.) Por volta do final da noite, toda a área cerimonial de Persepólis estava em chamas: as colunas de madeira arderam de imediato e os pilares de pedra que ainda permaneciam de pé racharam em consequência do grande calor produzido nessa noite.

Foi este um acto oriundo de medidas ou uma atrocidade embriagada? A tradição cleitarquiana (a base de Cúrcio, de Diodoro e de Plutarco) atribui o acontecimento a um cortesão grego, Thais, que queria vingar-se

Figura 7. Ruínas de Persepólis. As fendas causadas pela conflagração ainda são visíveis hoje. Fotografia: Richard Stoneman.

do rei. Perpectivas mais sérias sobre os seus motivos recaem em dois grupos: alguns académicos acreditam que o incêndio foi um sinal para os iranianos de que a ordem antiga tinha verdadeiramente chegado ao fim (Briant 2002, 851); a visão mais antiga era de que seria obrigatório que Alexandre passasse por isto pela culminação da sua cruzada pan-helénica de vingança pela destruição persa da Acrópole ateniense em 479 a.C. Mesmo que o incêndio tenha sido de alguma forma um acto provocado, foi certamente um acto errado (como até Arriano admite), tanto do ponto de vista de vencer sobre os Persas como do da posteridade.

Por esta altura, chegaram notícias a Alexandre de que Dario estava na região de Ecbatana (Hamadan). Era altura de partir no seu encalço e forçar a questão sobre o assunto problemático de quem governava a

Pérsia. Chegaram reforços para Alexandre vindos da Grécia e acreditou-se que Dario também estava a reunir tropas novas e que uma futura batalha violenta podia ser antecipada no norte do Irão. Contudo, ao chegar a Ecbatana, um desertor persa foi ao encontro de Alexandre e disse-lhe que Dario, que não conseguira reforços, estava agora a dirigir-se a Báctria pelas Portas Cáspias, a passagem que ia das Montanhas Elburz e o deserto de sal do norte até à cidade leste de Partiene.

Em vez de se apressar em alcançá-lo, Alexandre permaneceu em Ecbatana para reorganizar as suas forças. Reconhecendo que a cruzada contra a Pérsia tinha mesmo acabado, Alexandre desmobilizou as tropas da Liga Helénica com uma generosa recompensa de um talento acrescentado aos seus salários. Ao mesmo tempo, ofereceu-lhes a oportunidade de se tornarem mercenários para o resto da expedição, com uma recompensa inicial de três talentos. Estava claro que a expedição avançava para uma nova fase – de conquista por si mesma e de exploração e descoberta. O *pothos* de Alexandre estava a regressar às origens.

Uma outra mudança foi marcada pela decisão de deixar Parménio, agora com 70 anos, em Ectabana como comandante militar. Tinha a função de conquistar as tribos da região Cáspia, mas o seu poder tinha sido inevitavelmente diminuído. No entanto, os seus filhos, Filotas e Nicanor, mantiveram-se nas suas posições no alto comando de Alexandre.

Houve várias novas designações neste comando nesta altura (Heckel 1992, 3). Incluíam Coeno, que acompanhou Alexandre até às Portas Cáspias e morreu em Hidaspes; Heféstion, o amigo devotado e de sempre de

Alexandre, que se tornou gestor de influências importante, embora não-oficial, desde Isso; Leonato, que recebia agora o seu primeiro comando; Pérdicas, que estava perto de Alexandre nas Portas Persas em 330; e Cratero, um macedónio leal e patriota que esteve várias vezes em conflito com Hefestion. Alguns destes (Hefestion, Leonato e Pérdicas) foram designados para os quadros do corpo oficial de segurança de Alexandre. Outros que receberam a mesma designação nesta altura foram Ptolomeu (o historiador e futuro rei do Egipto), Menes e Peucestas. Ptolomeu tinha sido um amigo de infância de Alexandre e o mesmo tinha acontecido com o esquivo Hárpalo (provavelmente nesta altura refugiado em Babilónia: ver Capítulo 8) e Nearco, que mais tarde viria a comandar a frota que partiu da Índia até à Babilónia. Todos os seguranças deviam mais lealdade a Alexandre do que à Macedónia, e o mesmo se aplicava aos pajens (membros mais novos da nobreza macedónia que também tinham a função de seguranças), que rapidamente vieram a desempenhar uma função mais proeminente na história.

A primeira etapa da busca de Dario levou Alexandre a percorrer 320 quilómetros desde Hamadan até Rhagae (Rayy, Rey), alegadamente em 11 dias sob o calor de Julho. Por essa altura, Dario tinha passado as Portas e estava a caminho de Hecatompilo, que mais tarde viria a ser a capital de Verão do Império Pártico. Mas no caminho, dois dos seus nobres (o chefe de Báctria, que corresponde ao norte do Afeganistão) e Nabarzanes (o grande oficial) perderam a paciência devido à contínua retirada, definida por Dario, ataram-no com correias de ouro e colocaram-no numa carroça. Besso proclamou-se a si próprio rei, sob o nome de Artaxerxes IV. Um grupo de desertores veio ao encontro de Alexandre para lhe mostrar um atalho rápido de modo a poder apressar a sua busca. Mais tarde, Alexandre estava a uma distância muito próxima das forças persas. Estas, vendo o pó originado pelos perseguidores, apressaram Dario a montar um cavalo e a juntar-se a eles enquanto fugiam. Dario, segundo Cúrcio (Cúrc. 5.13.16), «declarou que os deuses tinham vindo para se vingarem dele e, pedindo a protecção de Alexandre, recusou-se a ir com os traidores». Besso e os seus homens prontamente trespassaram Dario com as suas armas e deixaram-no morrer na sua carroça, sendo arrastado para onde quer que os animais decidissem ir. Na altura certa, chegaram a um lago e aqui a companhia de Alexandre encontrou o rei moribundo.

Todas as nossas fontes, excepto Arriano, fazem um cenário comovente deste encontro final dos reis, antigo e futuro, da Pérsia. (Arriano insiste que Dario morreu quando Alexandre o alcançou.) O relato de Cúrcio é interrompido por uma lacuna considerável, mas Plutarco, Justino e o *Romance*, todos descrevem Alexandre a chorar perante a morte do seu inimigo, e Dario entregou-lhe o reino como um honrado sucessor. Mais tarde, a tradição persa do século XI de *Shahnameh* (*Livro dos Reis*) de Firdausi criou uma imagem do encontro que tinha a vantagem de fazer do conquistador um sucessor legítimo de Dario. A cena aparece com frequência em manuscritos iluminados do *Livro dos Reis*. Alexandre teria gostado deste pormenor, que teria servido a sua propaganda. Como aconteceu, foi aclamado como conquistador e, para muitos persas, Besso teria parecido o chefe legítimo. Se

Alexandre tivesse podido pedir a sucessão nessa altura, a derrota de Besso e dos seus apoiantes teria sido muito menos problemática (cf. Badian 2000, 264).

Estávamos em finais de Julho e Alexandre não perdera tempo em partir em busca de Besso, que havia estabelecido a sua corte real em Báctria. Teria de passar quase um ano até que ele se rendesse.

Figura 8. Iskander e Dara: este persa do Shahnameh retrata Alexandre (Iskander) assistindo à morte de Dario (Dará). Os traidores de Dario encontram-se à sua esquerda, de mãos atadas. Cortesia da Biblioteca Bodleiana, Oxford: Elliot MS 325

Começou por avançar em Zadracarta (Sari), a capital de Hircânia, onde recebeu a submissão de vários nobres persas, incluindo Artabazo, bem como uma carta de Nabarzanes pedindo uma salvaguarda em troca da sua entrega. Cerca de 1500 mercenários gregos também pediram condições, mas Alexandre insistiu na rendição imediata destes «criminosos». Um outro visitante, alegadamente de alta importância, era Talestris, a rainha das Amazonas, a raça lendária de mulheres guerreiras que geralmente estavam na região imediatamente por trás do canto sudoeste do Mar Negro, perto do Rio Termodonte. Todos os autores da Vulgata, e também Estrabão (11.5.4, citando Cleitarco no pormenor de que ela veio a ter um filho de Alexandre), incluem esta história, que confere uma nota interessante das percepções geográficas da região pelos funcionários de Alexandre, bem como na capacidade dos historiadores de criar mitos. Este último elemento foi brutalmente ridicularizado por Lisímaco que, ao ouvir de Onesícrito o seu relato dos treze dias de namoriscos de Talestris com Alexandre, perguntou: «Onde estava eu na altura?»

A confusão geográfica mostra claramente que as terras além do Mar Cáspio foram rapidamente confundidas com as além do Mar Negro. O mundo oriental foi concebido por geógrafos contemporâneos como estando dividido por uma linha contínua de Este para Oeste das montanhas, incorporando o Tauro, o Cáucaso e o Hindu Kush. Este era referido geralmente como o Cáucaso. O Mar Cáspio não era conhecido como sendo um mar interior, mas pensava-se que fosse um golfo no oceano do norte. Todas as regiões da Ásia Central foram então encaixadas e viradas do avesso.

Pensava-se que a Índia ficasse a Este e em frente ao oceano oriental. Aristóteles pensou que esse oceano podia de facto ser avistado do cume do Hindu Kush. Não se sabia acerca do tamanho da Índia nem da existência da China. A geografia destas regiões, que eram pouco exploradas, permaneceu muito pouco clara até ao fim da Antiguidade, como um olhar por um mapa como o Peutinger (p. 147) mostrará. É possível que os funcionários de Alexandre tivessem uma ideia do Oriente não muito afastada daquela representada pelo Mapa Mundi medieval, com o Mar Mediterrâneo ao centro, e raças e animais estranhos por detrás da linha do Cáucaso e das Portas Cáspias. Era aqui que a terra da imaginação começava. Os escritores de Alexandre, como Onesícrito, fizeram registos moderados do que realmente viam no Oriente distante, mas rapidamente foram absorvidos pelas percepções exóticas que vieram a formar o *Romance de Alexandre*. Quando a lenda de Alexandre se cristianizou, foi fácil encaixar as suas aventuras num mapa que mostrava Jerusalém no centro, e conseguir vê-lo a passar por terras maravilhosas em direcção ao paraíso terrestre que ficava na outra margem do oceano. Assim, a confusão geográfica dos antigos desempenhou um papel significativo no estabelecimento do herói medieval Alexandre.

Esta fase da expedição de Alexandre coincide com uma mudança marcada nos seus hábitos pessoais e maneira de governar. Um sintoma prematuro deste facto foi a chegada de Nabarzanes com várias ofertas valiosas, em especial um bonito eunuco de nome Bagoas. (A fonte principal que atesta a existência desta pessoa, sobre a qual Mary Renault escreveu um romance, é um parágrafo em Cúrcio (Cúrc. 6.5.22-3 com uma mão-cheia de outras alusões). Tarn, chocado perante esta prova da «homossexualidade» de Alexandre, tentou negar a existência de Bagoas como uma invenção escandalosa da «escola peripatética» de filósofos (ver p. 193); mas Badian 1958 destruiu eficazmente a maneira de pensar de Tarn e não há necessidade de disputar a sua existência.) Embora Alexandre tenha tido uma companheira durante alguns anos, as relações entre o mesmo sexo sempre tiveram igual importância para os aristocratas gregos e macedónios. A sua amizade com Heféstion era e continuou próxima e intensa, mas a gratificação sensual representada por Bagoas marcou um novo desenvolvimento na sua personalidade. Pouco podia ser recusado agora a Alexandre e onde uma pessoa actual pode pensar que se encontrava uma «criança mimada», os antigos falavam da corrupção do seu carácter devido a um excesso de «fortuna». Não era difícil para Alexandre de pensar que os deuses estavam do seu lado e de que era invencível e omnipotente.

Contudo, esta percepção andava a par com uma paranóia crescente e com uma atitude absolutista nas suas exigências de lealdade. Também achava que era necessário agir de modo algo diferente para causar a impressão adequada nos seus súbditos persas: vestuário oriental, concubinas, o uso de dois emblemas – um seu e outro de Dario – e a imposição de mantos persas aos companheiros, tudo fazia dele um rei oriental, mas também afastava os Macedónios e os Gregos, com o orgulho destes nas suas maneiras rudes e simples. O deus estava a ficar sozinho.

A estrada que Alexandre percorreu até Báctria surge no mapa como um enorme desvio, mas seria impossível um caminho directo até lá, uma vez que teria de passar pelo deserto de Kara Kum. Assim, Alexandre dirigiu-se até Sul desde Hecatompilo até Cabul e Kandahar, de onde podia seguir os baixios até Cabul, onde a travessia do Hindu Kush de sul para norte era a mais estreita. Mas imediatamente após ter passado por Herat, o sátrapa local, Satibarzanes, que se tinha submetido a ele pacificamente, revoltou-se e Alexandre teve de regressar para combater essa revolta. Para marcar o fim da supressão, Alexandre substituiu Satibarzanes por outro persa, Arsaces, e fundou uma nova cidade, Alexandria-em-Ariana (Herat), como centro para o controlo do território. Então Barsaentes, sátrapa de Drangiana (Seistão), iniciou uma revolta. Era necessário um enorme desvio para trás em direcção aos limites desérticos do Irão e do Afeganistão. Barsaentes foi para a região Indo, mas os indígenas apanharam-no e enviaram-no para Alexandre para ser morto. Satibarzanes regressou e invadiu Areia com o apoio de outros sátrapas, mas por esta altura Alexandre estava a caminho de Báctria e ficou ao encargo do seu comandante, Erígio, com a ajuda de Artabazo, acabar com Satibarzanes. A cabeça dele foi entregue a Alexandre em Bactra no Verão de 329.

Mas antes de Alexandre deixar a capital drangiana de Frada (Farah) no Outono de 330, aconteceu uma das crises políticas mais importantes do seu reinado.

A famosa conspiração de Filotas é abordada brevemente por Arriano, com base nos relatos de Aristobulo e Ptolomeu (que disseram que já estava a ser planeada desde a visita ao Egipto), mas Cúrcio dá-lhe um tratamento altamente retórico com discursos de corte. Foi este último tratamento que se tornou clássico e formou a base dos trabalhos de Alexandre, tão variados como o alemão medieval *Alexandreis* de Rudolf von Ems, a *Tragedy of Philotas* de 1605 de Samuel Daniel e a peça de Terence Rattigan sobre Alexandre, *Adventure Story*. Não há dúvidas de que tal se verifica porque encobre de forma evidente os dilemas da autocracia e desacordo, e a atmosfera de suspeição e de desconfiança que num regime ditatorial evita que a verdade se saiba. Certamente que nós não a podemos saber, embora o acontecimento possa ser racionalmente visto como um primeiro indício daquilo que Badian designou pelo último «reino do terror» executado por Alexandre. O que as nossas fontes (principalmente Cúrcio e Arriano) nos dizem é o seguinte:

Começou com um jovem chamado Cebalino. O amante deste jovem, Dimno, convidara-o para se juntar a uma conspiração contra a vida de Alexandre. Cebalino não teria qualquer papel nela e relatou imediatamente a história a Filotas, que tinha acabado de regressar a Frada vindo do funeral do seu irmão Nicanor, que morrera de doença na parte oeste drangiana. Filotas prometeu informar Alexandre, mas é evidente que pensou que as acusações não deviam ser levadas demasiado a sério. Os dias passaram e não fez qualquer referência à alegada conspiração a Alexandre. Cebalino ficava cada vez mais ansioso e voltou a falar no assunto a um dos pajens reais. Este homem levou-o a sério e conduziu Cebalino directamente a Alexandre, que estava a tomar banho nessa altura. Alexandre estava furioso por causa do atraso causado por Filotas. Levaram-lhe de imediato Dimno, mas este suicidou-se com a sua própria espada imediatamente após a sua detenção e foi incapaz de responder à pergunta que Alexandre lhe fez: «Que grande mal planeei contra ti, para considerares que Filotas merece mais o poder do que eu próprio?» (Cúrc. 6.7.29). Alexandre estava plenamente convencido da cumplicidade de Filotas na conspiração que ele tão descuidadamente encobria; ou então tinha uma desculpa para se ver livre ele próprio de um elemento da família que sempre representara um travão nas suas ambições. De qualquer das maneiras, Filotas não era bem visto: arrogante e mal-formado, constantemente a fazer comentários cáusticos sobre a auto-glorificação de Alexandre, tinha conseguido para ele próprio alguma reprovação.

Filotas foi preso de imediato, juntamente com outros conspiradores nomeados por Cebalino. Foi designada uma assembleia para conduzir o julgamento dos traidores. Filotas falou em sua própria defesa e Alexandre ridicularizou-o por ele se recusar a falar «em macedónio» – uma acusação confusa que pode referir-se às maneiras pretensiosas de Filotas e a recusa de se misturar com as tropas. A conclusão estava retirada, mas era necessária uma confissão. Filotas foi levado para ser torturado. De imediato confessou o esperado, mas foi torturado de qualquer das maneiras. Em desespero, gritou para Cratero, o encarregado da situação: «Diz-me o que queres que eu diga.» Após mais tortura, foi imprudente o suficiente para afirmar que o seu pai (Parménio) controlava uma força militar e recursos financeiros consideráveis, de que Filotas precisaria se a sua conspiração tivesse êxito, e declarou que se apressara a colocá-la em prática antes que o seu velho pai falecesse e o deixasse com estes recursos. Porém insistiu que o seu pai não teve qualquer participação na conspiração.

Depois desta «confissão», Demétrio, outro acusado, foi trazido e afirmou que estava estava disposto a sofrer de actos de tortura para provar a sua inocência. Mas agora Filotas dirigia-se a um tal de Calis e disse: «Vais permitir que Demétrio minta e que eu seja torturado mais uma vez?» Calis ainda não estava sob suspeita, mas confessara agora que ele e Demétrio tinham juntos planeado o crime.

Sem mais demoras, os conspiradores foram levados e mortos – por apedrejamento, o castigo tradicional macedónio por traição, segundo afirma Cúrcio, ou sendo perpassado por lanças, segundo Arriano. Embora ninguém tivesse culpado Parménio, a tradição macedónia implicava a morte dos parentes dos conspiradores. Alexandre mandou um enviado, Polidamas, acompanhado por um chamado Cleandro, até Ecbatana, levando uma carta dele próprio e outra supostamente de Filotas. À medida que o ancião abria a carta do seu filho, Cleandro esfaqueou-o até à morte.

Tarn abordou este acontecimento como um em que Alexandre agiu sem desaprovação. Badian, em 1960, em contraste, afirmou que a conspiração de Filotas devia ser chamada, como Plutarco lhe chama, de conspiração contra Filotas. Os outros cortesãos, incluindo Cratero, tinham razões para desejar incriminar e retirar do caminho um poderoso rival. O próprio Alexandre, no ponto de vista de Badian, estava ansioso para se livrar «do poder da família e apoiantes de Parménio» (329). Assim que Parménio estivesse fora do caminho em Ecbatana, a conspiração contra Filotas podia ser levada a cabo e usada também como uma desculpa para eliminar o ancião.

É impossível ter-se uma ideia definitiva. Não existem níveis de verdade nem níveis de envolvimento numa conspiração. Provavelmente existia ali uma conspiração;

é talvez possível que Filotas estivesse envolvido; parece bastante provável que o sempre leal Parménio não estivesse. Mas da sua remota elevação de chefia divina, Alexandre não podia estabelecer a diferença ou então não lhe importava. Precisava de apoio e lealdade absolutos e tudo faria para os conseguir.

A última tarefa que faltava a Alexandre para completar a sua conquista da Pérsia era a captura de Besso. O chefe tinha-se retirado para Aorno no seu território de Báctria para esperar por Alexandre, que agora avançava desde Frada até Kandahar. Então, Alexandre flanqueou Besso ao atravessar o Hindu Kush por uma passagem alta com neve alguns 130 quilómetros para Este. Besso agora estava na região de Sogdiana, na estepe por trás do Rio Oxo (Amu Daria), hoje em dia os confins do Uzbequistão e do Tajiquistão. Alexandre ocupou Aorno (Tashkurgan) e a antiga cidade de Zariaspa, ou Bactra (Balkh), a capital de Báctria. A caminhada até Oxo através de um deserto gélido foi seguida de uma travessia das montanhas onde muitos padeceram de queimaduras de gelo. E, no final, muitos dos veteranos de Alexandre, e as tropas tessalianas, insistiram para serem desmobilizados e para regressarem a casa. A travessia do rio Oxo demorou cinco dias, uma vez que o único meio que tinham para o atravessar era o de fazerem superfícies flutuantes das coberturas das suas tendas. Mas não encontraram obstáculos.

Quando as notícias sobre a travessia do rio chegaram a Sogdiana, o sátrapa local, Spitamenes, decidiu que seria inútil mais resistência para com Alexandre. Os seus homens haviam prendido Besso e enviaram uma mensagem para Alexandre oferecendo-se para o matar. Ptolomeu foi enviado para obter mais pormenores e encontrou

Besso preso e vigiado numa aldeia remota. As instruções que deu foram as que Besso seria deixado sozinho, nu, atado a um poste na estrada onde Alexandre passaria. Quando Alexandre o encontrou, questionou-o publicamente por que motivo tinha matado o próprio rei. A sua traição não podia ser perdoada e Besso foi enviado para Zariaspa para ser julgado no ano seguinte (329). O castigo aqueménida da mutilação foi executado (foram-lhes cortadas as orelhas e o nariz) e, mais tarde, foi executado em Ecbatana (as fontes variam entre crucificação e desmembramento).

O *Romance de Alexandre* insere, nesta altura, na história, um decreto de Alexandre a todas as cidades da Pérsia, prometendo a continuação dos impostos anteriores e dos costumes religiosos. Embora não haja qualquer fonte fiável que ofereça uma afirmação semelhante, o episódio salienta que este é o ponto no qual Alexandre é agora o irrevogável chefe do Império Persa, sucessor dos reis aqueménidas. Os chefes persas continuavam a ser designados nas províncias iranianas (Bosworth 1988, 237 ff.), enquanto nas regiões selvagens de Báctria e Sogdiana foram instaladas colónias militares de gregos e macedónios como uma elite dirigente. Também vale a pena notar que a cunhagem de moedas de Alexandre no Este não continua com o padrão dos seus tetradracmas de estilo ático do oeste. De facto, não se conhecem quaisquer moedas persas de Alexandre, pelo que toda a sua cunhagem deve ter sido feita na forma de uma moeda persa dourada, enfatizando a continuidade com o antigo regime.

Agora Alexandre partiria ainda mais para Norte até Maracanda (Samarcanda). Sem dúvida que não confiava inteiramente na submissão de Spitamenes, e estava certo em fazê-lo porque, ao ser convidado para um encontro em Zariaspa, Spitamenes elevou um cerco a Maracanda e o chefe militar de Zariaspa foi assassinado. Vinganças violentas proporcionaram a Alexandre retomar as cidades e foi para Norte como nunca antes tinha ido, até ao Rio Jaxartes. Aqui fundou uma cidade, Alexandria Eschate (Alexandria-a-mais-longínqua), mais tarde tornando-se Khojend.

Esta foi a primeira de uma rede de várias cidades que Alexandre fundou a norte do rio Oxo (seis segundo Cúrcio 7.10.15): esta era uma cidade inteiramente grega, com ginásio e teatro (Bosworth 1988, 248). Estas cidades sem nome parecem não ter durado muito e podem não ter sido muito mais do que postos militares. As cidades atribuídas a Alexandre em Báctria e Sogdiana são Alexandria-em-Ariana (Herat), Alexandria-em-Margiana (Merv), Alexandria Rambakia (Las Bela), Alexandria-em-Arachosia (Kandahar) e Alexandria ad Caucasum (perto de Begram). Ai Khanum (talvez Alexandria-em-Oxiana) pode ser uma outra. Todas estas cidades estão a sul do rio Oxo e todas estavam situadas em locais onde havia fortalezas aqueménidas e talvez também provavelmente tivessem a função de ajudar no comércio e comunicações. Não eram, como acreditava Tarn, para funcionar como estações da civilização grega, embora acidentalmente possam ter tido esse efeito, como o sugere o desenvolvimento posterior da arte bactriana (ver Capítulo 9, p. 191.) (Fraser 1996, 180-2.)

Spitamenes fugiu para a estepe onde não podia ser encontrado facilmente. Não o foi até ao final de 328, ao início do Inverno, que o nómada Massagetae, ouvindo que Alexandre estava de novo em busca de Spitamenes na estepe, decidiu matá-lo e trouxe a cabeça dele até Alexandre.

O período intermédio, enquanto o exército estava acampado em Maracanda, foi marcado por muita tensão. Algum tempo foi bem passado com uma grande expedição de caça na qual, como afirma Bosworth, «animais selvagens deixados em sossego durante gerações foram massacrado *en masse*». A caçada ficou famosa pela morte de um leão que Alexandre conseguiu sozinho. Segundo Cúrcio, mais de 4000 animais foram mortos – uma visão interessante dos gostos recreativos da aristocracia macedónia.

Uma outra visão interessante sobre os hábitos macedónios é-nos dada por um acontecimento muito mais importante, uma grande festa com bebidas que teve lugar em Maracanda na véspera da partida do chefe recém-designado de Báctria, Cleito, filho de Dropides, que viria a suceder ao ancião Artabazo. A festa prolongou-se. Alguns aduladores começaram a comparar as conquistas de Alexandre de maneira favorável com aquelas de Castor e Pólux, os filhos de Zeus, e «outros nem mesmo deixaram Héracles em paz». Estes elogios enervaram Cleito; tornou

> claro durante algum tempo que tanto estava ofendido pela mudança de Alexandre para um estilo mais bárbaro como pelas expressões dos seus aduladores. E agora, sob a acção do vinho, não os deixaria desrespeitar o poder divino ou diminuir os feitos dos heróis passados, para fazer um favor a Alexandre que não tinha qualquer interesse. As conquistas de

> Alexandre, em seu entender, não eram nem tão grandes nem maravilhosas como diziam que eram; Alexandre não as tinha conseguido sozinho, mas eram em grande parte conquistas macedónias. Alexandre ficou profundamente magoado com estas palavras.
> (Arr. *Anab.* 4.8.4-5)

Arriano continuou a registar a sua própria reprovação deste discurso: os cortesãos deviam saber como manter as suas opiniões para eles próprios. Mas Cleito estava agora completamente solto; começou por vangloriar a sua própria conquista ao salvar Alexandre da morte em Granico, até que finalmente Alexandre chamou os hipaspistas para o retirarem dali. A ordem não foi ouvida. O que aconteceu depois é relatado de modo diferente pelos vários registos, mas o auge foi que Alexandre sacou de um dardo, talvez de um dos seus seguranças e trespassou o peito de Cleito, matando-o de imediato.

Alexandre encheu-se de remorsos e esteve prestes a fazer o mesmo a si próprio para se suicidar, mas foi impedido. Depois, recolheu-se no seu quarto, permanecendo aí por três dias, recusando comida e água e gritando os nomes de Cleito e da irmã dele Helanice, que o criara. Este período homérico de luto terminou devido aos elogios de Anaxarco, um dos filósofos que viajava com a corte. Retirou Alexandre do seu sofrimento dizendo que o que quer que um rei faça, é justo, e que assim, Alexandre não devia culpar-se. Se este relato for verdadeiro, deve ter sido – como certamente o foi para os historiadores antigos – um passo em frente no declínio moral do rei.

Anaxarco de Abdera parece ter sido um rival frequente do outro filósofo da corte de Alexandre, Calístenes de Olinto, o historiador oficial (Borza 1981). Possivelmente por acaso, e em termos filosóficos – Calístenes, o sobrinho de Aristóteles, sendo presumivelmente um aristotélico, Anaxarco provavelmente um céptico – assim como em termos de hábitos pessoais – de luxo no caso de Anaxarco, austeros no de Calístenes – estes dois homens tornaram-se ainda mais o oposto um do outro depois deste acontecimento. O problema com Calístenes veio à tona em resultado da cada vez maior adopção dos métodos persas por parte de Alexandre, bem como hábitos de vestir e questões cerimoniais – em particular a sua insistência na *proskynesis* ou obediência. A natureza do comportamento preciso exigido foi muito discutida: a palavra grega significa algo como «soprar um beijo» e foi comparada com as leis persas que mostram os oficiais a curvarem-se suavemente, levando os dedos aos lábios, para honrar um rei ou uma divindade. Contudo, parece que o mesmo termo foi usado, desde Heródoto, referindo-se à completa prostração de um súbdito perante o rei (1.134). Tal acto é indigno e repulsivo para os Gregos, que usavam o termo *proskynesis* para descrever uma atitude de oração apenas perante deuses. Não era adequado para os homens livres baixarem-se perante outros homens.

A prática tornou-se ligada ao movimento de reconhecimento de Alexandre como um deus que, como vimos, era um assunto comum entre os seus aduladores. A discussão foi muito desenvolvida por Anaxarco numa ocasião, que propôs que:

> não havia qualquer dúvida de que quando Alexandre partisse dentre eles, que o iriam honrar como a um

deus; assim, nada seria mais justo do que prestarem-lhe esta homenagem em vida do que só quando estivesse morto e a homenagem não lhe valesse de nada.

(Arr. *Anab.* 4.10.7)

Esta sugestão, no relato de Arriano, gerou um grande discurso por parte de Calístenes, argumentando que era escandaloso exigir uma tal obediência aos Gregos, que apenas se adequava aos bárbaros. O seu discurso agradou aos Macedónios, mas diz-se que os persas que estavam presentes adoptaram de bom grado o hábito da obediência. Numa outra ocasião, Alexandre mandou passar uma taça do amor, com o pedido de que todas as pessoas presentes, depois de beberem por ela, lhe deviam prestar obediência e depois beijá-lo. Todos os Companheiros o fizeram prontamente, mas quando chegou a vez de Calístenes, este omitiu a obediência. A falha foi relatada a Alexandre, e em consequência, este recusou o beijo. Calístenes disse: «Muito bem, então. Parto mais pobre de um beijo.»

Esta intransigência de Calístenes naturalmente que diminuiu a sua convivência com Alexandre e, na altura certa, levou ao facto de ter sido implicado na Conspiração dos Pajens. Os Pajens eram os filhos dos notáveis macedónios que serviam o rei, que o guardavam enquanto dormia e que vigiavam os cavalos. Diz-se que um dos pajens, Hermolau, se entusiasmou enquanto caçava, quando atingiu um javali antes de Alexandre e este ordenou que ele fosse castigado por lhe ter retirado o privilégio. (Esta história tornou-se um lugar-comum nas narrativas, e o mesmo motivo foi citado como exemplo por um historiador pelo assassinato de Odenato de Palmira alguns seis séculos mais tarde.) Este insulto deve ter sido suficiente para agitar Hermolau e o seu amigo para planearem uma conspiração para matar Alexandre enquanto dormia, que apenas falhou porque, na noite escolhida, Alexandre ficou acordado até ao amanhecer a beber. No dia seguinte, depois de ter curado a sua ressaca, Alexandre soube da conspiração e fez com que todos os que estavam implicados fossem torturados, sendo-lhes esticado o corpo. Entre os que foram denunciados, e segundo Aristobulo, estava Calístenes; mas Arriano adopta o ponto de vista de que Alexandre estava pronto para encontrar uma oportunidade de se livrar de Calístenes. Os Pajens foram executados, mas há variações no que diz respeito ao destino de Calístenes. Ptolomeu disse que foi torturado e enforcado, mas Aristobulo e Chares, o camareiro da corte, escreveram que foi preso e transportado juntamente com o exército numa espécie de gaiola, até ficar tão doente e infectado com piolhos que morreu algures no início de 325, na Índia. O destino deste filósofo foi a fonte mais importante da «oposição filosófica» a Alexandre que caracterizou os escritos dos estóicos e dos outros filósofos dos tempos romanos: Séneca (QN 6.23.2) chama-lhe «a vergonha eterna de Alexandre».

Estes acontecimentos desagradáveis finalizaram a estada na Ásia Central e, na Primavera de 327, começou a marcha até à Índia.

# 7

# A EXPEDIÇÃO À ÍNDIA

Durante algum tempo, a conquista da Índia fez parte dos planos de Alexandre. Foi aqui que o seu *pothos*, o seu desejo, se revelou por completo. As concepções geográficas daquela altura levavam a acreditar que a Índia representava a última terra antes do Oceano que a circundava, de tal modo que uma invasão deste território significaria a conquista do mundo inteiro até ao este da Grécia. (O oeste viria depois.) Este plano tornou-se primeiro explícito quando Alexandre recebeu uma embaixada de Farasmanes, um rei dos Corasmianos, no rio Oxo. (O seu nome mais tarde ficaria ligado a uma «Carta a Adriano» descrevendo os magníficos animais da Índia e do Extremo Oriente.) Farasmanes prometera ajuda na Ásia Central e Alexandre recebera também uma embaixada do chefe de Taxila, Ambhi (Ônfis grego), cujo nome dinástico era Taxiles. Ambos viram vantagens para si próprios em prestar ajuda nas conquistas de Alexandre.

A mitologia também entrou nas suas considerações. Alexandre modelou conscientemente os seus feitos naqueles dos deuses e heróis da Grécia, bem como em antecessores humanos como Ciro, o Grande. Dizia-se que Dionísio tinha vindo da Índia para se tornar um deus na Grécia, com o seu grupo de panteras e mulheres, os seus cachos de uvas e heras. Alexandre iria percorrer os passos do deus até às suas origens. Também tinha sido assim com Héracles. Por fim, a lendária Rainha Semiramis de Assíria era um alvo constante de emulação. Ela, sem a ajuda de chefes ocidentais, levou a cabo as suas conquistas até à Índia e Ásia Central (Agatias, *Histórias* 2.25.4-5) e Alexandre imitá-la-ia. Foi o exemplo dela que o levaria de volta pelo Deserto Gedrosiano do sul do Irão e que levaria às lendas de que ele também, tal como ela, tinha conquistado a Etiópia.

Os funcionários científicos eram peritos numa expedição como esta. Já tinham sido feitas pesquisas geográficas (com a precisão de que já falámos). Os etnógrafos e os historiadores naturais estavam prontos para encontrar animais, plantas e outros fenómenos tão estranhos como aqueles já descritos pelo autor do século v, Ctésias. Estes incluem a palmeira gigante, o rio de mel, os homens com cabeças de cão e os homens com os pés ao contrário, bem como o monstruoso manticora com as suas três filas de dentes. Se a expedição não os encontrasse, aqueles que o escreveram fariam os possíveis para afirmarem que o tinham feito. Baeton mencionou que conhecia os homens dos pés ao contrário; Cleitarco não perdeu a oportunidade de salientar a sua história com fantasias; e o apogeu de todas estas histórias veio no *Romance de Alexandre* e na «Carta de Alexandre a Aristóteles» que nele vinha incorporada. Mas talvez o escritor mais interessante sobre a Índia foi Onesícrito, que combinou a informação sobre as árvores banianas e as árvores que tinham lã nos seus ramos com relatos da vida utópica do reino de Musicano e uma entrevista altamente influente com alguns ascetas indianos em Taxila (da qual se fala mais adiante).

Foi reunida a força militar necessária, e a primeira tarefa da Primavera de 327 foi a conclusão da submissão de Sogdia com a conquista das Montanhas Sogdianas. O seu chefe, Oxiartes, troçou dos Macedónios dizendo-lhes que apenas a podiam conquistar se conseguissem encontrar soldados com asas, mas Alexandre chamou voluntários para subirem às montanhas difíceis e, com a ajuda de cordas e de pitões de ferro, um grupo considerável fez a subida à noite. Os sodgianos renderam-se imediatamente e a sua submissão completa foi indicada pelo facto de não só Oxiartes ter sido vital ao conseguir a rendição da segunda montanha, de Corienes, mas também pelo facto de ter sido rapidamente arranjado um casamento entre Alexandre e a filha de Oxiartes, Roxana.

O casamento era essencial se Alexandre queria entregar o seu reinado a um herdeiro. Alexandre teve uma companheira grega, Barsine (anterior mulher de Mémnon de Rodes), desde 333, mas um casamento com as suas implicações dinásticas ainda não fazia parte dos seus planos. A notícia (Plut. *Alex.* 30) de que a mulher de Dario tinha morrido de parto é pouco crível, já que a data deste acontecimento não é exacta. Está associado, pelas fontes, à segunda embaixada de Dario a dirigir-se a Alexandre: esta foi, como vimos, colocada por Arriano na Primavera de 332, quatro ou cinco meses depois da captura dela; mas se fosse para ser colocado onde a Vulgata indica, no Verão de 331, o possível pai seria certamente Alexandre.

O casamento com Roxana tinha uma vantagem política ao assegurar a força militar dos Macedónios. Talvez também os pensamentos de Alexandre se virassem para a criação de um herdeiro à medida que começou as suas aventuras por terras onde mais nenhum homem tinha ido e das quais – quem poderia saber? – podia não regressar. Se assim fosse, a concepção de um herdeiro mostrou «não ser urgente».

O exército que atravessou o Hindu Kush na Primavera de 327 pode ter atingido 120 000 homens, incluindo comitivas do acampamento de todos os géneros (Peter Green), e tinha certamente mais do que os 30 000 soldados estimados por Sir William Tarn.

Os elementos macedónios não eram agora mais de 15 000, incluindo 2000 da cavalaria. Os restantes eram soldados mercenários oriundos de outras tropas e recrutados localmente. Este exército atravessou o Hindu Kush pela Passagem de Salang em dez dias (em vez de pela estrada difícil através de Bamian que utilizara anteriormente), chegando à cidade que havia fundado na sua expedição anterior, Alexandria-no-Cáucaso, algures a norte de Cabul. Daqui, uma estrada directa e baixa conduzia até ao Este, atravessando a Passagem Khyber até às montanhas que os vitorianos conheciam como a «Fronteira Norte-Oeste» e depois até à Planície do Indo.

No vale de Cabul, Alexandre encontrava-se já dentro das fronteiras da «Índia» e aqui recebeu uma embaixada, previamente acordada, do chefe de Taxila. Taxila (Takshacila), perto da actual Rawalpindi, era uma das cidades mais antigas e proeminentes da região, uma «cidade universitária» mesmo antes do período da chefia aqueménida, casa do famoso gramático Panini e do cientista político Kautilia. O seu chefe, Taxila, esperava pelo apoio de Alexandre contra Póro, um monarca rival, cujo reino ficava a sul de Hidaspes (Jhelum) e rapidamente fez aliança com ele.

Hefestion, com o corpo do exército e os mantimentos, avançava agora, sob as orientações de Taxiles, em direcção ao Indo, enquanto Alexandre se afastou pelo vale de Coaspes (Kunar) até Swat para assegurar a rendição da região. A campanha era difícil: o terreno não era fácil e as tribos das fronteiras afegãs e paquistanesas eram lutadoras ferozes. Alexandre ia destruindo as cidades com uma violência correspondente, tendo numa (Massaga) massacrado 7000 dos habitantes – uma acção que Plutarco viu como uma das maiores manchas na sua carreira militar.

Algures nesta região, uma embaixada aproximou-se de Alexandre pedindo uma consideração especial devido à santidade da sua cidade. Como Arriano o descreve (Arr. *Anab.* 5.1), um chefe chamado Acufis, acompanhado por 30 apoiantes, veio até à tenda de Alexandre e anunciou que este lugar, Nisa, havia sido fundado pelo deus Dionísio:

> Porque quando Dionísio submetera a nação ao indianos, e estava de regresso ao mar grego, fundou esta cidade com os homens não preparados para o serviço militar entre os seus, para ser um memo-

> rial para a posteridade dos seus desejos e vitória, tal como tu próprio fundaste Alexandria perto do Monte Cáucaso e outra Alexandria no Egipto, bem como tantas outras cidades que fundaste ao longo o tempo e que provam teres tido mais conquistas do que Dionísio.

Esta história pode ter sido inventada, mas pelo menos os Gregos estavam dispostos a ser convencidos acerca das ligações especiais deste lugar com Dionísio, porque era o único sítio na região onde a parra, a planta sagrada de Dionísio, podia crescer. Parece que os nativos eram capazes de representar o seu próprio deus, Shiva, talvez, como o nome local de Dionísio.

Infelizmente, é impossível saber onde ficava situado este lugar. Segundo Cúrcio (Cúrc. 8.10.11 ff.), ficava no topo das montanhas numa região de bosques, a oeste de Coaspes, devido à sugestão da localização na narrativa antes de Alexandre chegar a Massaga. Arriano, contudo, localiza Nisa «entre o Cofen [Cabul] e o Indo» (5.1.1), assim, talvez na região de Peshawar. Os académicos actuais divergem na opinião, colocando-a Green e Lane Fox, por exemplo, perto de Chitral, e Bosworth não longe de Jalalabad. A única maneira de responder à questão será talvez uma expedição para encontrar parras de uvas. Uma outra pista são as urnas de madeira de cedro penduradas nas árvores, às quais as tropas puseram fogo acidentalmente de noite, porque Lane Fox (1973, 342) descreveu ter visto essas urnas com o povo de Kafir do Nuristão, que mostram os seus mortos nelas.

A importância do episódio está na ênfase que coloca na missão divina de Alexandre, e o seu papel como sucessor de Dionísio. Foi dado um outro encorajamento a este aspecto para a sua auto-apresentação quando foi ferido durante o ataque em Massaga. Uma das pessoas que ali estavam citou uma passagem de Homero, «Icor, tal como vem dos deuses abençoados» (Aristobulo, *FGrHist*139F47). Alexandre viu que a substância era sangue, e não icor, mas a alusão tinha sido feita. Uma outra ambição divina era destruir o Monte de Aorno que até mesmo Héracles (possivelmente uma tradução de Krishna, numa lenda local) não tinha conseguido conquistar. Este maciço fora identificado de forma autorizada pelo grande explorador Sir Aurel Stein (1929) como Pir-Sar, numa encosta do Indo a 1500 metros acima do rio. Alexandre estava agora suficientemente perto de Heféstion para retomar o contacto e enviar reforços. Trouxe as suas catapultas de cerco para Una-Sar que ficava defronte da fortaleza, alguns 2400 metros, e construiu uma rampa para os nivelar com a montanha – aqui os defensores renderam-se. Uma supremacia militar coincidiu com uma outra demonstração de uma conquista sobre-humana ou «sobre-Heracliana»: Alexandre foi capaz de avançar deixando uma região em paz atrás de si (embora o Assaceni de Massaga se revoltasse no espaço de um ano).

Na Primavera de 326, Alexandre avançou até ao Indo. Aqui foi recebido por Taxiles, que mandou formar uma parada imensa para escoltar o exército até Taxila. Achando por uma vez que era desnecessário lutar para manter a sua posição, a expedição permaneceu alguns três meses em Taxila e tal proporcionou aos investigadores do grupo de Alexandre uma excelente oportunidade para continuar com os seus estudos. Um grupo de pessoas que atraía a atenção de Onesícrito eram os ascetas, que os gregos conheciam como *gymnosophistae*, ou «filósofos nus». Estes também suscitavam um grande interesse entre os escritores mais recentes, referindo-se alguns a eles como brâmanes. O *Romance de Alexandre* gerou uma confusão considerável ao identificá-los como os brâmanes do baixo Indo, que foram vitais em criar oposição a Alexandre vários meses mais tarde.

Aristobulo (como é relatado por Estrabão 15.1.61) «afirma que viu dois dos sofistas em Taxila, ambos brâmanes, e que o mais velho tinha a cabeça rapada mas que o mais novo tinha o cabelo comprido, e que ambos eram seguidos por discípulos». Estrabão também nos diz (15.1.63-5) que foi enviado para conversar com estes «filósofos». Mantendo esta conversa como podia através não de um mas de três intérpretes (o que, como ele disse, era como tentar fazer com que a água corresse limpa entre lama), descobriu algumas afinidades admiráveis entre as doutrinas ascetas e aquelas da escola cínica à qual pertencia. O contraste agradável entre o modo de vida cínico, que decorria sem recurso às necessidades mais básicas da civilização e o estado real de Alexandre levou Arriano a contar este episódio num lugar especial juntamente com o encontro anterior de Alexandre com Diógenes em Corinto. Inevitavelmente, a história desenvolveu para o facto de Alexandre ele próprio ter falado com eles. Arriano (Arr. *Anab.* 7.1.6) diz que eles se dirigiram a ele da seguinte maneira:

> Rei Alexandre, cada homem não possui nesta terra mais do que o lugar onde estamos de pé. Mas tu, embora sejas um homem como qualquer outro, excep-

> tuando o facto de seres incansável e presunçoso, estás a errar numa terra tão distante da tua, não dando descanso nem a ti nem aos outros. E muito em breve também tu irás morrer e nada mais terás da terra do que o suficiente para enterrar o teu corpo.

Este encontro tornou-se um clássico filosófico. Uma versão muito mais elaborada é apresentada por Plutarco e pelo *Romance de Alexandre*, e versões livres desta conversa também circulavam tão cedo como no ano 100 a.C., como o mostram alguns papiros encontrados (Wilcken 1923). A história é, talvez, a mais sonante de todas as histórias de Alexandre e ainda estava a ser reescrita ao longo da Idade Média. A versão mais recente é a de um livro inglês de 1683 (Stoneman 1994; 1995).

O chefe dos ascetas é chamado de Dandamis (uma palavra talvez relacionada com a palavra em sânscrito para designar um funcionário brâmane). Entre eles também se encontrava um Calano, que havia sido convencido a juntar-se à expedição de Alexandre como uma espécie de filósofo. Criou o seu próprio episódio espectacular quando, ficando doente na Pérsia, suicidou-se, queimando-se a si próprio numa pira – um acto que ficou associado aos filósofos indianos, e tornou-se mesmo numa moda que foi satirizada por Luciano na sua obra *Vida de Peregrino*.

Desiludido por estas distracções e tendo voltado a receber a confiança de Abisares, o rei da região para o noroeste de Taxila, Alexandre atrasou o seu avanço pelo Indo para se encontrar com o mais perigoso dos seus adversários em Punjab: Póro («o chefe de Paurava»), cujas terras se situavam entre o Hidaspes (Jhelum) e o Acesines

(Chenab). Quando partiu, era Junho e as monções já tinham começado. As fontes defendem que fez a caminhada de 180 quilómetros desde Taxila até ao riacho de Jhelum, provavelmente em Haranpur, em dois dias. Mas os cursos dos cinco rios de Punjab modificaram-se consideravelmente ao longo dos séculos e não se consegue ter a certeza do ponto exacto onde a travessia e a batalha tiveram lugar. As tropas de Póro estavam na margem oposta do Jhelum e perfaziam cerca de 3000 a 4000 elementos de cavalaria e 50 000 de infantaria. Mais, não só dispunha de carruagens de guerra como também de vários elefantes de guerra – um desafio que o exército macedónio ainda não tinha enfrentado antes (embora Alexandre tivesse obtido alguns elefantes como oferta por parte de Taxiles). O exército indiano, com as suas fileiras de soldados separadas por elefantes, fazia lembrar uma muralha de uma cidade (Cúrcio 8.14.3, Diodoro 17.87.5).

O principal objectivo de Alexandre, à medida que enfrentava o exército indiano no rio, era o de confundir o seu inimigo o mais possível. Passou várias noites preparando ataques armados e incêndios em diversos pontos margem acima e abaixo. Também se diz que trocou de roupas com um oficial macedónio de estrutura semelhante de maneira a que o inimigo não tivesse a certeza acerca de onde estava o centro do comando. Por fim, identificou um ponto onde a travessia podia ser feita, alguns 30 quilómetros a montante do rio, onde uma ilha proporcionava uma boa defesa para os barcos de transporte. O maior corpo de tropas foi trazido pelo rio, à noite, e com a ajuda adicional de uma imensa trovoada, na qual vários homens foram atingidos por raios. Cratero, na base do acampamento, foi instruído para não tentar atravessar o rio até que os indianos estivessem totalmente envolvidos no ataque.

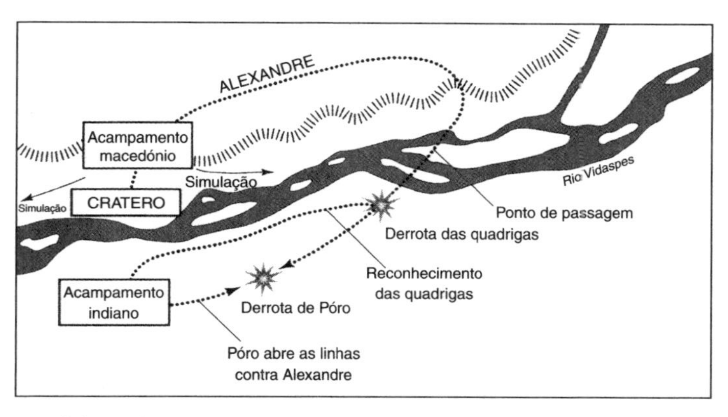


A BATALHA DO RIO HIDASPES

As carruagens de Póro mostraram-se inúteis no terreno lamacento, mas os elefantes formaram um obstáculo formidável para os macedónios. O *Romance de Alexandre* inventou uma história fabulosa (ilustrada de maneira fantástica nos manuscritos medievais) acerca de como Alexandre preparou uma linha da frente de guerreiros de bronze, que foram aquecidos até ficarem vermelhos de tão quentes e de como enviou os elefantes urrando em retirada à medida que tentavam envolver as suas trombas à volta deles. Na verdade, o único estratagema podia ser apenas um arremesso constante de dardos e setas; mesmo assim, muitos macedónios ficaram debaixo das patas dos elefantes. O filho de Póro foi morto pouco depois da luta ter começado. De forma gradual, os macedónios foram circundando as tropas indianas até que Póro, ferido no ombro, se retirou do campo montado no seu enorme elefante. (Os decadracmas de Alexandre, emitidos – talvez de cunhagens em Susa (Stewart) ou na Babilónia (Bosworth, Holt)– logo após a vitória, mostram um cavaleiro macedónio a acicatar impertinentemente com a sua lança a parte traseira de um elefante em retirada.) Frank Holt mostrou num estudo excepcionalmente elegante (Holt 2003) que estes decadracmas e assuntos relacionados de tetradracmas com um elefante na cara e ou um indiano da classe alta ou uma carruagem com quatro cavalos na coroa, funcionavam como um objecto comemorativo da batalha. Ao segurar um raio, aparentemente fazendo alusão à intervenção de Zeus que enviou uma tempestade imensa, que fez com que os indianos da classe alta perdessem os seus soldados e as suas carruagens para ficarem presos na lama (cf. Arriano 5.14.4-15.2; 15.5 com Cúrcio 8.14.19). Estas moedas são as únicas provas contemporâneas da campanha de Alexandre.

Póro foi capturado e trazido até Alexandre que, numa conversa famosa, lhe perguntou como esperava ser tratado. «Como um rei», foi a resposta digna. O encontro foi memorável, uma vez que Póro, segundo todos os relatos, era um homem muito alto, com perto de dois metros. Alexandre não deveria chegar a muito mais do que o seu peito. Em vez de o destronar, Alexandre confirmou-o como chefe das suas terras anteriores, mas agora como vassalo do rei macedónio – uma indicação não tanto de uma medida liberal de chefia, como da impaciência de Alexandre para com acordos administrativos que o pudessem distrair da luta e das explorações.

Figura 9. O medalhão de Póro. Este objecto comemorativo representa Póro e o seu condutor de elefante montados no animal, tentando desviar a lança de um perseguidor (cf. Arr. 5.18.9-12). Na coroa, a figura de Alexandre está de pé segurando um raio, o símbolo de Zeus.

O cavalo de Alexandre, Bucéfalo, que o acompanhara ao longo da expedição, foi morto nesta batalha. Foi fundada uma «cidade» com o nome do cavalo, bem como uma outra cidade, Niceia (Cidade da Vitória), onde tiveram lugar grandes concursos de atletismo para celebrar a vitória. Mas Alexandre já se preparava para avançar. O resto da Índia convidava-o. Atravessou rapidamente o Acesines (Chenab) e o Hidraotes (Ravi), chegando à região do Laore. Os povos autóctones renderam-se sem luta, com excepção de um pequeno cerco em Sangala (provavelmente a actual Sangla). «Alexandre queria», afirma Diodoro (Diod. Sic 17.89.4), «alcançar as fronteiras da Índia e fazer seus súbditos todos os seus habitantes e depois navegar até ao Oceano.» Arriano (Arr. *Anab.* 5.26.1-2) atribui a Alexandre um grande discurso para os seus oficiais após a chegada ao rio seguinte, o Hifasis (Beas), no qual jogou com os paralelos de Dionísio e Héracles e insistiu que a conquista de toda a Índia era necessária para garantir a segurança das terras conquistadas até ao momento.

> Se alguém anseia ouvir qual o limite da luta real, deve perceber que não existe muito mais terra perante nós até ao rio Ganges e até ao mar do leste. Este mar, asseguro-vos, mostrará estar ligado ao Mar Hircâniano, porque o grande mar circunda toda a terra. E caberá a mim mostrar aos Macedónios e aos aliados que o Golfo Indiano [Mar Arábico] forma apenas um rio com o Golfo Pérsico, assim como o Mar Hircâniano com o Golfo Indiano. Do Golfo Pérsico, a nossa frota deverá navegar até à Líbia, até aos Pilares de Hércules [Estreito de Gibraltar]; daqui, todo o interior da Líbia será depois nosso, tal como toda a Ásia está, de facto, sob o nosso poder.

As fontes deste discurso em Arriano não podem ser conhecidas e pode acontecer que, tal como muitos discursos nos historiadores antigos, sejam em grande parte invenção do autor; mas parecem reflectir as intenções de Alexandre e também o que ele pensava sobre a geografia do mundo ainda por percorrer. Um chefe local dissera a Alexandre que seriam apenas doze dias de caminhada até ao Ganges, um facto severamente posto em causa por Brunt (1983, 463; App. 17.22) como «sem sentido». Mas, de facto, a distância desde o Hifasis até às margens superiores do Ganges era de apenas algumas centenas de quilómetros. O facto de o Ganges correr cerca de 300 quilómetros até ao mar é outra história.

Para os oficiais, tal como para a maioria do exército de Alexandre, estes planos futuros eram demasiado.

Exaustos devido às chuvas incessantes das monções – e como poderiam saber ser alguma vez iria parar de chover naquela terra? – a tarefa de conquistar a Pérsia cumprida (o poder aqueménida nunca ultrapassara o Hifasis), e o seu domínio da Ásia confirmado, consideraram a ambição contínua de Alexandre incompreensível e as suas exigências nada razoáveis. Revoltaram-se. Os oficiais recusaram-se a partir e assim fizeram as tropas.

Alexandre tentou a táctica de Aquiles de se retirar para a sua tenda em protesto. Três dias mais tarde, ainda lá se encontrava e não havia sinais do exército ter mudado de ideias. Alexandre decidiu então marcar o limite da sua conquista erguendo uma série de doze altares (Cúrcio, Arriano), e começar o regresso a casa. Segundo Filóstrato na sua obra *Vida de Apolónio* (2.43), estes altares eram dedicados a Ámon, Héracles, Atena, Zeus, ao Cabiri de Samotrácia, ao Indo, Hélios (o Sol) e a Apolo. Esta reunião estranha não é confirmada pelos outros autores, mas os altares tornaram-se um símbolo regular nos mapas antigos, como podemos ver pela sua presença no antigo Mapa Peutinger (figura 10) com a legenda «ara Alexandri» e no *Mappae Mundi* medieval que deriva do mapa mundo de Agripa preparado por Júlio César. Neste último, os altares têm a legenda «*usque quo Alexander*» e «*hic Alexander responsum accepit*» – uma referência à lenda por nós conhecida através do *Romance,* na qual criaturas celestiais convenceram Alexandre a não continuar mais com as suas explorações.

Alexandre começou por regressar ao Hidraotes e a preparar-se para uma viagem de regresso que protegeria tudo o que fora conquistado por qualquer um dos seus antecessores, incluindo o lendário Semiramis. O plano era agora o de navegar até ao Indo e regressar pelo Oceano Índico até às terras iranianas do seu império. Para começar, diz-nos Arriano (Arr. *Anab.* 6.1.2), Alexandre acreditava que toda a terra a sul era contínua, um vasto continente setentrional e que o Indo corria directamente para o Nilo:

> Já tinha visto crocodilos no Indo, como em nenhum outro rio que não fosse o Nilo, e feijões a crescerem nas margens do Acesines da mesma espécie daqueles que a terra do Egipto produz, tendo ouvido que o Acesines corre até ao Indo, achava que tinha encontrado a origem do Nilo.

Contou esta descoberta, afirma Arriano, numa carta que escreveu à sua mãe, mas ao receber uma informação melhor, cancelou esta passagem da carta. Se chegou a ser enviada ou não, permanece por revelar, e parece que foi mantida nos arquivos uma cópia dela. Plutarco não a menciona como fazendo parte das outras cartas de onde foi retirar informações acerca das caminhadas de Alexandre (Plutarco não tinha muito interesse em geografia), e não há relação com a maravilhosa carta fictícia para Olímpia acerca das suas viagens e que está incluída no *Romance de Alexandre*, no qual podemos esperar que tenha tido algum impacto. Alguns dos acontecimentos da viagem que se seguiram encontraram efectivamente um eco nas lendas do *Romance* e também tiveram consequências noutros escritos fictícios. Mas, na altura da partida, a informação geográfica de Alexandre era impressionante.

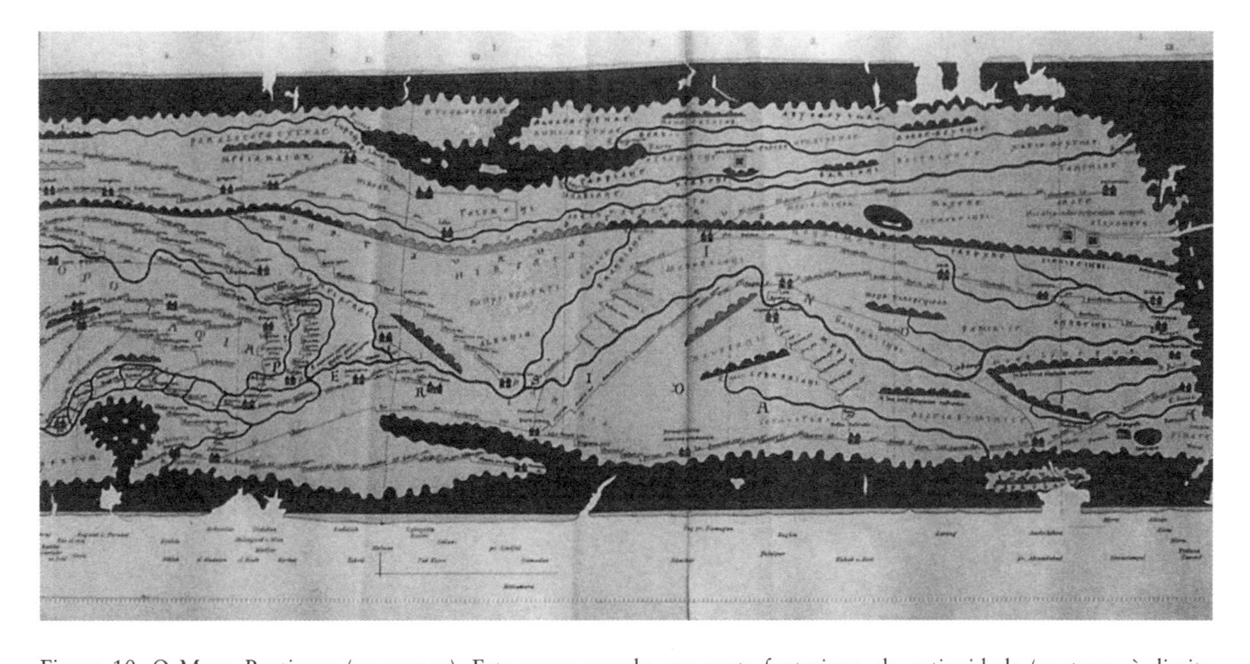

Figura 10. O Mapa Peutinger (pormenor). Este mapa mundo, em parte fantasioso, da antiguidade (no topo, à direita do «Mar Cáspio»), mostra os altares erguidos por Alexandre para marcar os limites mais longínquos da sua expedição. Desenhado a partir do original.

O exército regressou a Jhelum onde foi aumentado por reforços e apetrechado com 25 000 armaduras recém-chegadas. O equipamento gasto que os homens de Alexandre tinham envergado até então foi queimado. A frota partiu em Novembro de 326 e navegou pelo rio Acesines (Chenab) até ao local onde se juntava com o Indo. Cratero e as suas tropas marchavam pela margem direita, Hefestion e as suas pela esquerda. A viagem não começou pacificamente, dado que encontraram uma forte resistência de dois povos locais, os mali e os oxidracas. Estes povos são os Malavas e os Kshudrakas, que também surgem, associados aos outros grupos, no épico nacional indiano, o *Mahabharata*. A batalha para capturar a cidade dos Mali foi a ocasião de um dos episódios mais dramáticos da carreira de Alexandre. Os presságios estavam contra ele e os homens recuaram. Alexandre apoderou-se de um dos escadotes e rapidamente subiu, mergulhando sobre as ameias até à multidão de defensores. Três outros macedónios juntaram-se a ele num ápice, mas Alexandre ficou encurralado debaixo de uma árvore, enfrentando todos os que o acometiam. Antes que o grupo dos macedónios fosse capaz de entrar na cidade, Alexandre foi ferido no peito por uma seta e caíu. Os seus companheiros protegeram-no da confusão dos indianos com escudos, e mais tarde foi transportado para o acampamento. A extracção da seta provocou uma enorme perda de sangue e Alexandre desmaiou. Permaneceu moribundo durante uma semana, mas a sua constituição admiravelmente forte fez com que recuperasse. Pela primeira vez, a possibilidade da sua morte tinha parecido real, mas a sua autoridade e, de facto, a sua imprescindibilidade na expedição permaneceram marcantes.

Este acontecimento foi a ocasião para um conflito curioso e exemplar nas fontes. Quem exactamente estava com Alexandre naquele dia? Arriano, cujo relato segui, afirma que eram três pessoas: Peucestas, Leonato e Abreas. Plutarco menciona apenas dois (talvez não contando com o obscuro Abreas). No entanto, Cleitarco diz que Ptolomeu também se encontrava com Alexandre, tal como o afirma Timagenes. É certo que não estava. Se estivesse, certamente que o teria mencionado no seu próprio relato, que Arriano utilizou. Qual será aqui o motivo para a falsa informação de Cleitarco? Pensa-se geralmente que o seu objectivo fosse o de glorificar Alexandre com conquistas extravagantes, mas este acontecimento não vai ao encontro deste padrão – um aviso contra a presunção de ser possível seguir qualquer versão particular de um episódio a um qualquer autor. Contudo, Cleitarco mostra um interesse considerável por Ptolomeu e estava sem dúvida preocupado em adular um rei que lhe pudesse dar protecção e preferência. Também se pensou que a história fosse uma explicação factual para o título posterior de Soter, «Salvador».

Os Mali entregaram-se e os Kshudrakas renderam-se sem luta. A frota continuou a sua navegação, Alexandre descansava numa cama durante o dia no convés, mantendo-se um pouco à frente dos outros barcos, de maneira a que «a tranquilidade de que ainda precisava não pudesse ser interrompida pelo bater dos remos» (Cúrc. 9.6.2).

Uns outros cinco meses de viagem e uma luta constante levaram o exército até à entrada do delta do Indo em Patala (Julho de 325). Entretanto, Cratero havia partido em direcção a Carmânia (uma província Kerman no Irão) à espera da chegada do que restava da expedição através da sua estrada mais longa e complicada. Recebeu a rendição e presentes de Musicano, o rei da região ao redor de Sukkur, e derrotou as tribos das montanhas sob o comando de Sambo, cuja capital ficava em Sindimana (perto de Sehwan em Sind), bem como uma revolta organizada pelos brâmanes, conselheiros dos chefes, na mesma região. Então Musicano revoltou-se e o motim foi selvaticamente travado: Musicano e os brâmanes foram enforcados. Estes brâmanes ficaram gloriamente confudidos com o oxidracas e com os brâmanes ou sofistas nus de Taxila no relato do *Romance de Alexandre*; mas esta não foi a única parte fictícia inspirada por esta parte da expedição. Onesícrito, o historiador que fora enviado para entrevistar os sofistas de Taxila, encontrou uma outra oportunidade para uma invenção filosófica, como Estrabão nos conta:

> Continua a falar do país de Musicano durante algum tempo, elogiando-o. Algumas das suas características são partilhadas com os restantes indianos, tal como a sua longevidade, alguns deles chegando à idade de 130 [...] a sua maneira simples de viver e a sua saúde [...] um aspecto que lhes é peculiar é a criação da *syssitia* espartana [jantares comuns] [...] também o facto de não fazerem qualquer uso de ouro nem de prata, embora tivessem minas [...] não levavam com profundidade o estudo das ciências, excepto a medicina, e de facto aprofundar o estudo de algumas ciências, como a ciência militar e afins, é vista como um crime; e não existem processos jurídicos, com excepção para os casos de homicídio ou ataques militares, baseado no princípio de que

não está no poder dos homens escapar ao facto de
se ser uma vítima desses crimes, mas os termos de
acordo estão dentro da alçada de cada indivíduo.
(Estrabão 15.1.34)

Em resumo, o lugar é uma Utopia Cínica. Nem foi Onesícrito o único autor a descobrir uma Utopia nesta região. Um autor chamado Amometo (citado por Plínio NH 6.54-5) escreveu uma obra intitulada de *História dos Atacoras*, um outro povo da região, que era, na verdade, uma Utopia filosófica. Nos primeiros anos do século III, a composição de Utopias, geralmente na forma de histórias de viajantes fictícios, tornaram-se bastante populares, e este género particular é um outro legado inesperado da expedição criadora de uma época de Alexandre.

Mais surpresas aguardavam o exército a sul de Patala (Hiderabad). O vento da monção de sudoeste soprava agora e a passagem era difícil. Mais, neste lugar, o Indo fica com marés e os macedónios, habituados às águas sem marés do Mediterrâneo ficaram muito agitados quando viram os seus barcos de repente presos em bancos de lama. Vaguearam desconsoladamente à sua volta, encontrando caranguejos gigantes e outras criaturas estranhas destinadas a figurar nas lendas. Ficaram ainda mais alarmados quando a maré se agitou e os barcos de repente se libertaram de novo.

Por volta desta altura (finais do Verão de 325), a cidade da Índia revoltou-se (Báctria e Sogdiana já se haviam revoltado no final de 326). Embora mais tarde ficasse incorporada no reino Selêucida, a Índia foi cedida por volta de 312 a Sandrocoto, em breve alcançando a fama de Chandragupta, o fundador do império Mauria. A «Índia» estava a escorregar das mãos de Alexandre mesmo antes de este deixar os seus limites. Mas o espírito do rei estava agora inteiramente voltado para o futuro.

A expedição aqui dividiu-se em duas. Nearco devia comandar a frota e navegar ao longo da costa do Oceano Índico, enquanto Alexandre caminharia com as suas tropas pelo deserto de Gedrósia, a região estéril que fazia fronteira com a costa e atravessaria as fronteiras do Paquistão e do Irão. A sua principal razão para este movimento súbito era a emulação da lendária rainha Semiramis, de quem se dizia ter conquistado a Índia e ter regressado à Babilónia por esta estrada. Por uma vez, a ambição sobrepôs-se à razão, ou a sua grande inteligência estava a falhar. Embora a caminhada tenha começado bem, tornou-se impossível desde cedo encontrar água e não era possível conseguir alimentos dos únicos habitantes locais com que se cruzaram, uma tribo que ainda vivia na Idade da Pedra, à qual os gregos chamaram Comedores de Peixe, que vestiam peles de tubarão e construíam os seus casebres a partir de esqueletos de baleias. Mais para dentro da terra, havia palmeiras, mas uma dieta só destas plantas provocava doenças e as outras plantas revelaram ser venenosas. O calor insuportável da região e a falta de alimentos provocou a perda de talvez 60 000 homens durante a caminhada de 60 dias por Carmânia. Esta caminhada é a ocasião mais provável para uma história de um acto heróico de Alexandre que autores diferentes colocam em diferentes pontos da sua vida. Um soldado, descobrindo um pequeno lago de água salobra, recolheu alguma e levou-a até Alexandre num capacete. Porém, Alexandre recusou-se a ser privilegiado com um presente de que todo o exército precisava tanto quanto ele. Entornou a água na terra, servindo assim de exemplo de resistência para os restantes. Finalmente em Gwadar, o exército apanhou a estrada até Pura (Iranshahr) que levaria até Susa. O resto da viagem foi marcado por um estilo mais relaxado e vários autores dizem-nos que Alexandre tratou o exército como uma procissão báquica com manifestações de alegria de todos os géneros:

> Deu ordens para que todas as aldeias por onde passassem se ornassem com flores e grinaldas e que houvesse à disposição, à entrada das casas, taças cheias de vinho e outros recipientes de tamanhos extraordinários [...] Os amigos e a comitiva real iam à frente, com as cabeças ornadas com vários tipos de flores transformadas em grinaldas, com as notas das flautas a soarem num lado, e o som da lira do outro [...] o rei e os seus companheiros de bebida iam numa carroça carregada de taças douradas e copos enormes do mesmo metal. Assim passou o exército sete dias numa caminhada embriagada, uma presa fácil se as raças conquistadas tivessem a coragem de desafiar os festeiros barulhentos [...] mas é a sorte que traz a fama e um preço às coisas e ela transformou mesmo este parada lamentável para os soldados numa conquista gloriosa.
>
> (Cúrc. 9.10.25-27)

Mas foi uma parte lamentável do exército inicial a que se reuniu em Carmânia com Cratero.

Os homens que chegaram com Nearco a Susa em Dezembro estavam num estado pouco melhor. Pela primeira vez, os acordos de Alexandre para o comissariado tinham falhado em larga escala. Nearco, também, tinha as suas histórias para contar – por exemplo, da ilha onde atracaram, apenas para nadar, que depois se revelou ser uma baleia. Curiosamente, aconteceu a mesma coisa a Sindbad o marinheiro e a São Brandão – já para não mencionar o Barão de Munchausen.

A chegada a Carmânia marcou o regresso da selva ao mundo real e Alexandre tinha muito trabalho à sua espera.

# 8

# ALEXANDRE NA BABILÓNIA

O regresso de Alexandre às terras iranianas do seu império reintroduziu-lhe os problemas administrativos e de chefia que haviam sido colocados de parte, senão mesmo esquecidos, durante a expedição à Índia. Enquanto ainda estava em Pura, tinha ouvido falar dos problemas com o sátrapa de Oreitis, Apolofanes, de quem de imediato se livrou. Cratero teve também de pôr fim a uma revolta algures a norte de Pura. O sátrapa de Carmânia, Astaspes, foi bem-vindo nas celebrações do regresso a casa, mas a sua execução revelou ser um dos entretenimentos da festa. Seguiram-se várias outras execuções, incluindo aquelas dos generais macedónios Cleandro e Sitalces, acusados de uma má administração em Media. Um pouco mais tarde, quando Alexandre chegou a Persepólis, executou o sátrapa Orxines, com o motivo de este ter permitido que o túmulo de Ciro fosse roubado e substituiu-o pelo leal Peucestas, que fora um dos seus salvadores na cidade dos Mali. Peucestas, segundo Diodoro (Diod. Sic. 19.14.5), era o único chefe a quem era permitido usar vestes persas, uma indicação da importância atribuída à adesão dos habitantes desta cidade. Estas regiões não podiam ser submetidas logo que conquistadas da mesma maneira que o reino de Póro fora.

Estes actos de retribuição por má administração parecem ter tido um impacto num dos administradores de carreira mais longa de Alexandre, Hárpalo, o tesoureiro, sedeado na Babilónia. Na Primavera de 324, deixou o seu posto para ir para a Grécia. Não era a primeira vez que fugia num momento de crise, e esta é uma boa altura para analisar a sua vida e as suas implicações.

Hárpalo estava ligado a Alexandre desde muito jovens. Um problema fez dele inapto para o serviço militar e tornou-se tesoureiro do império de Alexandre em 336. Pouco antes da batalha de Isso (em Novembro de 333), deixara o seu posto pela primeira vez para viajar para a Grécia. Arriano diz-nos ambiguamente que se envolvera com um aventureiro de nome Taurisco e os académicos ponderaram sobre qual teria sido a verdadeira razão da sua partida. Peter Green e Lane Fox pensam que possa ter partido numa espécie de missão de espião. Bosworth sugere que considerava a Macedónia um local mais seguro do que Cilícia se Alexandre morresse da sua febre provocada por ter nadado no Cidno. A explicação mais óbvia, um desfalque, foi colocada de parte, já que Hárpalo foi reinstalado no seu posto por volta de 331. Mas Worthington (1984) sugeriu que os dois reis não eram compatíveis. Alexandre pode ter-se sentido incapaz de prescindir dos seus serviços. Foi-nos dito que Alexandre «perdoou» a sua partida – e, como é claro no caso de Cleómenes de Náucratis (p. 171), um desfalque não preocupava muito Alexandre desde que os seus próprios interesses estivessem protegidos.

De qualquer modo, Hárpalo estava de volta ao seu cargo em 331 e, algum tempo depois, talvez em 330, a sua base de operações foi recolocada na Babilónia. Aqui estava totalmente encarregue do Tesouro, com todos os metais precisos adquiridos por Alexandre na sua expedição, e estava também encarregue da cunhagem das moedas do império (shekeles para o Levante e Cilícia, dáricos para o Irão). As possibilidades para a corrupção eram imensas mas, até onde podemos afirmar, Hárpalo dedicava o seu tempo livre na Babilónia à jardinagem, importando plantas gregas para os parques reais, todas elas dando flor excepto a parra, que não resistia num calor sufocante. No entanto, em breve também importou uma amante cara ateniense, Pitionice, substituindo-a quando ela morreu por uma nova ateniense, Glicera.

Parece que começou a cunhar moedas também sem fazer referência a Alexandre. No mínimo estava a precaver-se em relação à morte de Alexandre, e na pior das hipóteses, pode ter sido visto a preparar uma revolta contra ele ou pelo menos a querer tornar-se ele próprio rei na Babilónia.

Na altura da viagem do Indo, chegaram ao exército notícias sobre as suas actividades. Uma peça satírica, *Agen* – alguns dizem que Alexandre fora o autor – foi encenada. Incluía uma grande caricatura de Hárpalo, de Glicera, a «Rainha da Babilónia», e dos atenienses. Quando as notícias sobre a medidas de Alexandre face aos sátrapas foram conhecidas, Hárpalo sentiu-se suficientemente ameaçado para levantar acampamento de imediato. Partiu direito a Atenas. Aqui, porém, e apesar dos generosos carregamentos de cereais e das dedicações aos templos que fizera nos anos anteriores, foi recebido com frieza.

Os atenienses tiveram também de precaver-se. Hárpalo foi colocado sob vigilância e os 700 talentos que trouxera com ele foram armazenados na Acrópole. Em breve fugiu e juntou-se aos seus mercenários em Creta, onde foi morto por um dos seus subordinados. Assim chegou ao fim a vida de um dos companheiros mais enigmáticos de Alexandre.

O seu destino foi ligado a desenvolvimentos importantes nas relações de Alexandre com a Grécia, que começaram a adquirir forma após a chegada do rei a Susa em Fevereiro ou Março de 324. Mas as primeiras acções de Alexandre ao chegar a Susa foram também de grande importância. As mulheres nobres persas sobreviventes haviam sido deixadas aqui durante a expedição à Índia; agora estava na altura de as casar. Fez mais do que isso. Arranjou um enorme casamento entre ele próprio e outros noventa e um membros da sua corte e esposas nobres persas. Ele próprio casou com duas mulheres: a filha de Dario e a de Artaxerxes Oco. A maioria dos casamentos parece não ter durado muito e ocorreram, é claro, sob um ambiente hostil. Mas assinalaram uma mudança importante na criação da classe regente do império. Na mesma altura, 30 000 jovens iranianos que tinham estado em formação militar macedónia chegaram a Susa. Alexandre começou a referir-se a eles como seus «sucessores». A ascensão ao poder destes dois grupos torna claro que Alexandre já não pensava no seu reino como macedónio. Os persas, adequadamente treinados, iriam desempenhar um papel importante. Na mesma altura, não deveriam ser tomados quaisquer riscos em colocar os persas em posições de comando. Aqui, os homens macedónios assumiriam o controlo.

Sir William Tarn constrói a partir destes acontecimentos admiráveis uma teoria de que Alexandre originara, e acreditava, numa ideia de «irmandade entre homens» ou «unidade entre a humanidade», que sabemos ter sido desenvolvida mais tarde pelo filósofo estóico Zenão e pelos seus sucessores, e que certamente influenciaram a visão que Plutarco tinha de Alexandre (Plut. *de fort. Alex.* 329 ff.). A ideia de Tarn tornou-se extremamente influente, mas foi derrubada de vez por Ernst Badian (1958), cujos argumentos exigem uma leitura completa. Tarn produziu como prova directa apenas uma frase de Arriano (Arr. *Anab.* 7.11.8-9) descrevendo o banquete que ocorreu em Ópis poucas semanas depois dos casamentos. Alexandre

> sentou todos os macedónios ao seu redor, perto deles os persas, e depois qualquer pessoa oriunda de outros povos com precedênca pelo seu estatuto ou outra categoria, e ele próprio e os que o rodeavam beberam da mesma taça e fizeram as mesmas libações, com os videntes gregos e os magos a darem início à cerimónia. Alexandre rezou pedindo várias bênçãos, particularmente para que os Macedónios e os Persas pudessem desfrutar de harmonia como parceiros no governo.

Esta prece é uma realidade completamente diferente de uma crença filosófica na união da humanidade como tendo um pai, Zeus, que é a maneira como Tarn apresenta o assunto. De facto, parece ser claro, como foi estabelecido pelos casamentos, que os macedónios e os persas deviam trabalhar em conjunto para governar o império. Não existem referências à envolvência de outros povos.

Ehrenberg (1938) desenvolveu uma visão algo diferente da de Tarn, e via esta «política» de «fusão» como um desenvolvimento da tarefa de Alexandre em helenizar o mundo. De facto, a fusão e a helenização pareciam ser opostas. Ehrenberg prestou alguma atenção à possível influência de Aristóteles nas acções de Alexandre. Mas o único conselho que Aristóteles deu a Alexandre de que temos conhecimento foi o de tratar os bárbaros como escravos dos gregos (fr. 658 Rose) – precisamente o contrário do que Alexandre fez aqui. Não sabemos o que estava na obra de Aristóteles «Sobre o reinado» ou na «Para Alexandre em nome [ou: relativo às] das colónias». Iria parecer surpreendentemente tardio Alexandre de repente começar a aplicar as doutrinas aristotélicas nos seus actos: não via o homem há mais de dez anos, embora talvez tivesse mantido correspondência com ele. É muito mais aceitável interpretar os casamentos estranhos e extravagantes como uma acção pragmática, concebida – embora tivesse falhado – para garantir uma classe regente fiável para o império.

Enquanto a corte estava ainda em Susa, começaram a ser traçados planos para uma outra expedição pelo mar até ao Golfo Pérsico e a conquista da Arábia. Mas a Babilónia era agora o destino urgente de Alexandre, dado que seria daí que a expedição seria lançada. A Babilónia, onde estava o seu tesouro, era o centro real do império. A etapa seguinte da caminhada levou a corte até Ópis, na margem do Tigre, onde hoje se situa Bagdad. Aqui, as questões da Grécia constituíram mais uma vez um obstáculo quando colocou a questão dos veteranos envelhecidos.

A ordem dos acontecimentos não é clara, mas o que se segue parece ser o mais lógico. No Verão de 324, Alexandre anunciou a retirada, com um pagamento generoso, de cerca de 10 000 veteranos que já tinham cumprido o seu tempo. Os soldados ficaram ofendidos com o que viram, encarando-a como uma atitude de desdém para com e perante as suas conquistas, e quase que se levantou um motim, no qual os homens desafiaram Alexandre para reformar muitos deles e continuar a sua campanha sozinho «com o seu pai Ámon». Alexandre estava furioso; mandou os seus oficiais para a multidão e foram presos treze líderes e arrastados para uma execução imediata. Depois, segundo Arriano, dirigiu-se à multidão estupefacta num discurso que enumerou todos os benefícios que os Macedónios receberam dele e «do seu pai Filipe», que «vos deu mantos para vestir em vez de peles [...] trouxe-vos das montanhas até à planície [...] fez de vós habitantes das cidades e abençoou as vossas vidas com boas leis e costumes» (Arr. *Anab.* 7.9.2; cf. Capítulo 2 acima). Salientou que os Macedónios permaneciam a elite dominante do império, que tinham ganho uma riqueza enorme devido à expedição e que ele próprio tinha participado em muitos dos perigos nela vividos. Depois, recolheu-se à sua tenda para um dos seus silêncios heróicos.

Mais tarde, devido ao seu orgulho ferido, criou um número de novas unidades militares persas com nomes macedónios e designou um conjunto de comandantes persas para substituir os macedónios. Aos persas foi permitido chamar a Alexandre parente e darem e receberem o beijo do rei. Os macedónios, agora fortemente intimidados, protestaram e queixaram-se de nunca terem recebido permissão para beijar o rei. E então Alexandre organizou o banquete, acima mencionado, no qual os gregos, os persas e outros se sentaram todos juntos numa demonstração de união. A sua crise por causa da desmobilização estava ultrapassada. Cratero foi enviado para conduzir os veteranos de regresso à Grécia e – uma outra questão admirável – retirar Antípatro do seu comando como vice-rei e tomar ele próprio o controlo da Macedónia.

Esta sequência de acontecimentos teve vários pontos de interesse. Primeiro, o comentário jocoso para com Alexandre como sendo «filho de Ámon» levanta a questão do seu alegado desejo de ser encarado como um deus, que irá ser analisado em breve. Segundo, a intenção súbita de substituir o vice-rei Antípatro, que mantivera a Grécia sob controlo em nome de Alexandre durante os últimos doze anos, não pode ter sido bem recebida na Macedónia, e não é surpreendente ver que se levantaram rumores depois da morte de Alexandre sobre o facto de Antípatro ter tido alguma influência nela, como uma maneira de antecipar a sua retirada.

O ponto imediato de interesse é o regresso de outros 10 000 veteranos à Grécia. Em Carmânia, Alexandre, ansioso para evitar mais agitações nas cidades, já tinha ordenado a retirada de todos os mercenários dos exércitos. Mais, o estabelecimento por Antípatro de regimes à mercê da vontade dos outros nas cidades gregas resultou no exílio de muitos opositores. As tácticas fortes de Alexandre tiveram um efeito desastroso que foi resumido de forma admirável por Badian (1961, 39):

> Pelas suas próprias acções – as medidas que levaram ao reino do terror; a decisão sobre os mercenários no serviço persa; a manutenção de regimes à mercê da vontade dos outros na Grécia; e, por fim, a dissolução dos exércitos das cidades – o Rei criou um problema social sem precedentes e aparentemente insolúvel que agora também parece ser um problema militar e político igualmente sem precedentes: um grupo de homens sem nada a perder e com aptidões militares e um treino ao mais alto nível, foi de repente fornecido com chefes que o querem e que são capazes de o usar. Em nenhuma parte da curta história do reinado de Alexandre o seu maior fracasso político aparece tão a descoberto como na espiral de terrorismo e de medo que culminou na situação de 324 a.C.

A resposta de Alexandre a esta situação foi a promulgação do Decreto dos Exilados. Foi pronunciado nos Jogos Olímpicos (no final de Julho, início de Agosto) de 324, nos quais 20 000 destes exilados estavam presentes para o ouvir. Segundo Diodoro, o único autor que cita estas palavras, dizia o seguinte:

> O rei Alexandre para os exilados das cidades gregas. Não temos sido a causa do vosso exílio mas, excepto

> para aqueles de vós que são alvo de um feitiço, iremos ser a causa do vosso regresso às vossas cidades natais. Escrevemos a Antípatro sobre este assunto com o fim de, se nenhuma cidade quiser receber-vos de volta, ele poderá impedi-las. (Diod. Sic. 18.8.4)

A apresentação de Diodoro pode, neste caso, ser verificada através de provas actuais graças ao «costume epigráfico» dos gregos. Várias inscrições em pedra preservam o decreto promulgado nas cidades gregas, incluindo algumas de Quios (Tod 192, tr. Worthington 2003a, 66-7), Mitilene (Tod 201 tr. Worthington 2003a, 67-8), Tégea (Tod 202, tr. Worthington 2003a, 68-9). As cláusulas incluem a criação de governos democráticos e a devolução da propriedade aos exilados. A quantidade dos pormenores pode ser retirada dos seguintes excertos da inscrição de Tégea:

> Rei Alexandre, o édito deve ser inscrito de acordo com aqueles termos corrigidos pela cidade que foram alvo de objecção. Aos exilados que regressarem, será entregue a propriedade que os pais possuíam quando partiram para o exílio, e às mulheres a propriedade das mães [...]. Em relação às casas, cada homem deve ter uma de acordo com o édito. E, se uma casa tiver um jardim, que não o deixes ter outra [...]. Que o preço delas seja duas minas e o seu valor de avaliação será aquele que a cidade decidir. E o dobro do valor que está estipulado na lei deverá ser recuperado para os jardins cultivados [...]. Se, mais tarde, algumas pessoas regressarem do exílio, quando a corte estrangeira já não estiver

> convocada, deixa-os fazer uma queixa junto dos generais sobre as propriedades num prazo de sessenta dias e, se houver alguma oposição, a corte deverá ser Mantineia [...]. Juro por Zeus, por Atena, por Apolo, por Posídon, que tratarei bem os exilados que regressarem segundo as decisões da cidade, e não tomarei qualquer atitude que os possa por qualquer motivo prejudicar [...].

Este decreto estava destinado a causar um tumulto social e político nas cidades e muitas delas ficaram numa situação bastante difícil por sua causa. Inevitavelmente, surgiram em consequência vários processos em tribunal e conflitos. Nestas circunstâncias, não é surpreendente que Atenas não fosse capaz de negociar com o suspeito Hárpalo: a chegada deste traidor do governo de Alexandre parece tê-los exposto a medidas punitivas.

Por volta da mesma altura (em qualquer dos casos entre 331-324) houve uma fome generalizada na Grécia. Tal fenómeno é mostrado pela inscrição de Cirene (Tod 196, tr. Worthington 2003a, 69) detalhando ofertas de grãos a muitas cidades gregas (por exemplo, 450 000 litros para Atenas) e também para a mãe de Alexandre, Olímpia (56 700 litros). Também nas cidades do Peleponeso e Beócia, foram feitas oferendas aos ilírios, aos ambracianos e ao povo de Creta e de várias outras ilhas.

O ponto mais problemático do Decreto dos Exilados é a interpretação do seu fundamento legal. Alexandre não era rei da Grécia e as cidades livres não faziam parte do seu império. Não tinha qualquer autoridade política para emitir um tal decreto. Como, então, poderia ser imposto? A solução que escolheu foi o pedido simultâneo às cidades gregas para que começassem a adorá-lo como deus. Este pedido foi também promulgado nos Jogos Olímpicos e levou a vários *bon mots* irónicos por parte dos estadistas gregos. Damis, o Espartano afirmou: «Bom, deixem-no ser um deus se ele quiser.» Demóstenes, em Atenas, finalmente acedeu que Alexandre podia, pela sua parte, tornar-se o filho de Zeus – e de Posídon também, se quisesse. O orador ateniense Hiperides (*Epitaph.* 21) queixou-se, de maneira menos humorística, que os Gregos estavam a ser forçados a honrar governantes como deuses e os seus servos como heróis. Esta é certamente uma referência a Alexandre e a Heféstion. (A queixa foi lembrada e quando Hiperides foi capturado depois de Atenas se ter levantado contra a Macedónia aquando da morte de Alexandre, Antípatro mandou executá-lo, mas apenas depois de a sua língua ter sido cortada.)

As piadas escondiam a mudança considerável sofrida na vida política que este decreto introduzira. Até aqui, nenhum homem se tinha tornado um deus durante a sua vida, embora tivessem sido citados dois casos dúbios: o general espartano Lisandro recebera um género de culto divino em Samos no início do século IV, e Dion de Siracusa, um pouco mais tarde, pode ter sido venerado como deus em Siracusa. Depois de Alexandre, tornou-se praticamente uma rotina para os reis helénicos adoptarem honras divinas. Os imperadores romanos adquiriram esta prática. Depois de Júlio César ter sido postumamente divinizado por Augusto, o próprio Augusto considerou adequado aceitar o culto como um deus no leste grego durante a sua vida. O fenómeno foi brilhantemente interpretado por Simon Price (1984) como algo mais do que uma afirmação política. Nas cidades livres da Grécia, a única maneira que um chefe imperial tinha para se queixar contra alguma autoridade durante a sua vida era adoptar o estatuto supra-humano de um deus. E, na verdade, o poder e o estatuto de um imperador estavam acima daqueles de qualquer rei individual ou chefe de cidade. A mesma explicação pode muito bem ter sido adoptada para a atitude de Alexandre (cf. Tarn 1948, II.370). Certamente que agora as pessoas se comportavam como se ele fosse um deus. Arriano (Arr. *Anab.* 7.23.2) afirma que as embaixadas da Babilónia vinham até Alexandre *hos theoroi dethen* – «como se se tratassem de enviados sagrados». O sentido de *dethen* aqui é ambíguo: pode querer dizer que os enviados se viam a si próprios como estando numa missão sagrada, ou pode querer dizer que se comportavam – perante os outros – como se estivessem numa embaixada para um deus. Os argumentos linguísticos podem puxar para os dois sentidos, mas inclino-me para a segunda interpretação: os enviados não acreditavam realmente que Alexandre fosse um deus, mas as pessoas impressionavam-se com o seu comportamento piedoso e submisso.

De facto, esta interpretação dos acontecimentos coloca de parte qualquer hipótese sobre se Alexandre acreditava de facto na sua própria divindade. No entanto, esta questão exige alguma consideração. Existem níveis diversos na possível divindade de Alexandre. Primeiro, que ele pode ser filho de um deus. Calístenes parece ter sido o primeiro a pensar que Alexandre era filho de Zeus. Alexandre, contudo, recusava insistentemente ser chamado como tal. (A única excepção é em Plutarco

*Alex* 33, que deriva explicitamente de Calístenes, onde Alexandre encoraja os Tessalianos ao referir-se em jeito homérico à sua descendência de Zeus, o que não é, certamente, histórico.) Porém, e como vimos (Capítulo 5), Alexandre provavelmente via-se como filho do deus Ámon. Um herói devia, claro, como Héracles, ser filho de um deus, assim como de um pai mortal, e podia, mais ainda, tornar-se ele próprio um deus por direito após a sua morte.

Os argumentos pelos quais Alexandre acreditava ser ele próprio um deus já estão ligados com a sua relação com Ámon. Primeiro, como faraó, foi certamente um deus no Egipto. Mesmo que nunca tenha sido coroado formalmente, foi reconhecido como tal e retratado como faraó nos altos-relevos dos templos. Segundo, como aceitou as ordens do oráculo de Ámon de que Hefístion devia ser venerado com um herói apenas, deve ter acreditado que Ámon havia já sancionado o seu próprio estatuto como deus, ou então não podia ter aceite em boa fé as honras divinas que lhe foram oferecidas (Badian 1981). A mente de Alexandre é, nesta altura da sua vida, impenetrável, mas parece altamente provável que acreditava agora na sua própria divindade. E, de facto, recebera culto em Atenas e em algumas cidades da Ásia Menor nos últimos anos da sua vida.

Um último conjunto de provas sobre este caso é uma passagem da obra *Política* de Aristóteles (1286a 30 ff.), onde comenta as qualidades do «bom rei»:

> Diríamos que é impossível para um bom rei desviar-se ou ser mutável. Não podíamos sequer governar sobre ele, uma vez que seria como governar sobre o

> próprio Zeus [...]. A única coisa que resta é a que parece realmente acontecer, que todos devem obedecer a um rei pela própria vontade.

Tarn pensou que esta passagem fosse uma referência directa a Alexandre. Baseou o seu argumento principalmente na mudança para o singular «sobre ele» dos plurais presentes nas frases anteriores. Tem de ser dito que o argumento é ténue e a sua rejeição por parte de Ehrenberg, apesar da consequente defesa de Tarn, permanece válida. Contudo, seria uma prova apenas para as ideias de Aristóteles sobre Alexandre e não para o próprio Alexandre.

O último acontecimento importante do Verão de 324 deu-se depois da corte ter saído de Ópis para o clima mais fresco de Ecbatana (Hamadan) nas montanhas de Zagros. Aqui, foi encenado um festival extravagante, com muita bebida à noite. Durante estas festividades, o amigo mais próximo de Alexandre, Heféstion, ficou doente e morreu. Arriano diz-nos que a sua doença durou apenas sete dias. As outras fontes são igualmente escassas e a parte relevante de Cúrcio perdeu-se. A nossa única informação suplementar acerca da sua morte vem de algumas citações de uma obra perdida de Éfipo intitulada *As Mortes de Alexandre e Heféstion*. Todas estão guardadas numa só obra, a *Deipnosofistas* de Ateneu, um autor cujos interesses se centravam nos hábitos de comida e bebida e cuja tendência era a de censurar os excessos e a luxúria com eles relacionados. Assim, não é surpreendente que nas passagens de Éfipo ele atribua as mortes de Heféstion e de Alexandre aos seus excessos em relação à bebida.

Plutarco diz-nos simplesmente que apanhou uma febre e desobedeceu às ordens do médico ao comer uma galinha inteira e ao ingerir uma enorme quantidade de vinho. Morreu pouco depois.

O luto de Alexandre adquiriu proporções heróicas. Como um Aquiles perante um Pátroclo, o rei prostrado velou o seu amigo durante um dia e uma noite. Mesmo Arriano está preparado para aceitar que Alexandre «provavelmente» cortou o seu cabelo sobre o cadáver, embora rejeite o relato de que tenha derrubado o templo de Asclépio (o deus da cura) em Ecbatana e não menciona sequer a história (que surge em Plutarco) em que mandou crucificar o médico de Hefestion. O corpo foi embalsamado e enviado para a Babilónia, onde na Primavera seguinte foi incinerado numa pira magnífica que custou 10 000 talentos. Segundo a descrição de Diodoro (Diod. Sic. 17.115.1-5), cobria uma área de cerca de 600 por 200 metros.

> Sobre a terra estavam proas de galeões douradas em filas próximas [...] cada uma transportando dois archeiros ajoelhados de dois metros de altura e (no convés) estavam figuras masculinas armadas de dois metros e meio de altura, enquanto os espaços no meio estavam ocupados com faixas vermelhas feitas de feltro.

O segundo nível tinha tochas de sete metros de altura; o terceiro tinha uma cena gravada de uma caçada, o quarto um centauromáquico em ouro e o quinto um fresco de leões e touros também em ouro. Sobre eles havia uma camada de armas macedónias e persas e,

> no topo de tudo estavam sereias, esburacadas e capazes de esconder dentro delas pessoas que cantassem um lamento para velar o morto. A altura total da pira era de mais de cerca de 60 metros.

Deve salientar-se que esta estrutura provavelmente nunca foi terminada, mesmo que Diodoro diga que foi. Terminá-la fazia parte dos «Últimos Planos» rejeitados pela assembleia macedónia depois da morte de Alexandre (ver em baixo). Na preparação de toda esta magnificência, Alexandre, como já foi mencionado, enviou mensageiros ao oráculo de Ámon em Siva para perguntar se era adequado que Heféstion fosse adorado como um deus. A resposta que chegou na Primavera de 323 tem várias interpretações.

Arriano (Arr. *Anab.* 7.23.6) afirma que «disseram que Ámon havia dito que era legal sacrificar-se a Heféstion como um herói» (assim também Plutarco). Porém, Diodoro (Diod. Sic. 17.115.6) afirma que a resposta permitiu-o ser adorado como a um deus. Justino concorda com esta opinião e Luciano, na sua obra sobre *Sobre não acreditar em calúnias* afirma que foram erigidos templos em sua honra, foram lançados feitiços por ele e foram oferecidos sacrifícios divinos. Estes argumentos têm de ser encarados com cepticismo, mas Alexandre pode ter encorajado o seu desenvolvimento. Sabemos que o seu governador no Egipto, Cleómenes, que era um administrador corrupto, obteve o perdão explícito de Alexandre pelos seus actos ao mandar construir templos de herói para Heféstion e ao instituir o nome dele como uma garantia no preâmbulo dos contratos mercantis. Pode ter sido isto que Luciano tinha em mente. Arriano discorda fortemente desta prontidão de Alexandre em perdoar a corrupção quando o perpetrador favorecera um dos seus predilectos.

O Inverno de 324/323 foi passado a anular uma tribo iraniana das montanhas, os Cosseanos, e no início de 323, a corte partiu para a Babilónia. Aqui, Alexandre encontrou--se com embaixadas oriundas de várias partes do mundo. Os Libaneses enviaram coroas, e os outros povos que vieram eram constituídos pelos Celtas, pelos Iberos, os Cítios e os Etíopes. Vários povos italianos – os Brutianos, os Etruscos e os Lucânios – também enviaram representantes, embora seja certamente fantasia, como insiste Arriano, que houvesse embaixadores de Roma entre eles. Pensa-se que mesmo os Cartagineses enviaram alguém. Os objectivos destas missões não são claros e seriam provavelmente vários. As cidades gregas enviaram cumprimentos e possivelmente desejavam ser conhecidas como estarem a seguir o decreto do Verão anterior. Não é claro se também foram oferecidas honras divinas (ver acima). Os outros povos, assim o parece, haviam tomado conhecimento de que Alexandre terminara a sua conquista do este e desejava antecipar um violento ataque militar contra as suas terras. O facto de não terem chegado quaisquer embaixadas por parte dos árabes é significativo. Alexandre parece ter interpretado esta ausência como uma boa razão para avançar com os seus planos de uma expedição militar na Arábia. O exército foi remodelado de novo, com a incorporação de um grande número de elementos persas de infantaria na falange macedónia e a frota começou a fazer exercícios em antecipação da sua partida.

Diz-se que o imperador Augusto ficou admirado perante a falta de vontade de Alexandre, tendo conquistado um vasto império, em fazer o que fosse para estabelecer a ordem (Plutarco, *Ditos de Reis e Comandantes* 207D8). De facto, Alexandre estava aborrecido. Queria estar em acção outra vez. Mais, estava ansioso por sair da Babilónia, porque antes de aí ter chegado, recebera várias profecias desmoralizadoras dos sacerdotes caldaicos na Babilónia. Acatou a insistência deles para que não entrasse na cidade pela parte oeste (a direcção natural), mas pelo este, o que levou ao seguimento de uma estrada difícil e tortuosa. Os sacrifícios de mau agouro feitos pelos sacerdotes gregos aumentaram a sua inquietude e lembrou-se do comentário de Calano, quando subia na sua pira, que iria encontrar-se de novo com Alexandre na Babilónia (isto é, na morte). Houve também uns presságios curiosos durante a sua estada na Babilónia. Numa ocasião, um prisioneiro babilónio libertou-se e ascendeu ao trono de Alexandre, sentando-se calmamente nele e colocando o diadema na cabeça. Numa outra, Alexandre estava a navegar no Tigre quando o seu chapéu voou; um marinheiro mergulhou para o alcançar e trouxe-o de volta, de maneira segura, ao colocá-lo eficazmente na sua cabeça enquanto nadava. A primeira história pode ter alguma coisa a ver com o ritual babilónio do Rei Substituto. Este foi concebido para ser usado quando havia maus presságios acumulados em relação ao reinado de um soberano: era colocado temporariamente no trono um substituto, com a intenção de o mal cair sobre ele e assim poupar o verdadeiro rei. Independentemente de assim ser, ambos os actos constituíam lesa-majestade, e o marinheiro não só recebeu uma recompensa mas também foi flagelado pela sua acção funesta. Arriano afirma que a maioria dos historiadores dizem que Alexandre mandou efectivamente decapitar o homem, sendo Aristobulo a autoridade para a versão mais moderada. Uma elaboração mais tardia transformou o marinheiro no futuro rei Seleuco, tendo sido o seu pedido de realeza estabelecido por este presságio (App. *Sir.* 52 ff.; Fraser 1996, 36-7). O *Romance de Alexandre* (3.30) acrescenta uma história diferente de um nascimento monstruoso de uma criança meio-humana, meio-animal, na qual apenas a metade animal mostrava sinais de vida, facto que foi interpretado pelos caldaicos como um presságio da morte do rei.

No dia 29 de Maio, pouco depois do regresso dos mensageiros de Siva, teve lugar um banquete. No meio, Alexandre ficou doente e foi levado para a cama. A sua febre aumentava à medida que os dias passavam, apesar dos banhos frequentes, dos sacrifícios e do descanso sob um véu perto do rio. Depois de alguns dias, o exército insistiu em fazer fila perto da sua cama para se despedir. Vários oficiais de Alexandre dormiram no templo de Sarapis (sendo o processo conhecido como incubação), procurando saber através de uma visão nos sonhos se seria melhor que Alexandre fosse levado para o templo, mas receberam a resposta de que seria melhor para ele ficar onde estava. Pouco depois, no dia 10 de Junho de 323, Alexandre morreu.

Arriano cita, como sua autoridade para esta sequência de acontecimentos, incluindo a fila dos militares e a incubação no templo, o «Diário Real». Foi suscitada uma discussão sobre a autenticidade deste documento, que não sobreviveu. Foi escrito um comentário sobre ele no século III por Estratis de Olinto, mas também se perdeu. Académicos mais recentes, seguindo Lionel Pearson,

Figura 11. O catafalco de Alexandre; uma reconstrução de Georg Niemann baseada na descrição de Diodoro.

pensaram que se tratasse de uma fraude e apontaram com segurança para a menção neste episódio de Sarapis, um deus cujo culto não fora criado antes do reinado de Ptolomeu I na Alexandria, e que é pouco provável que tenha tido um templo na Babilónia, como prova de que o «Diário» era uma composição mais tardia. (Estratis foi também impugnado como uma fraude por alguns académicos.) Não existe qualquer indicação segura de que o «Diário» cobrisse um período de tempo antes de Junho de 324. N. G. L. Hammond (1983, 1988 e 1993), contudo, regressando ao ponto de vista de Wilcken, afirmou convictamente que o «Diário Real» era um documento genuíno que cobria todo o reino de Alexandre; que tais diários eram mantidos para todos os reis macedónios; que era a fonte fundamental para as histórias pormenorizadas tanto de Ptolomeu e de Aristobulo; e que forjar um documento de tal extensão, quando o original ainda existia, seria um exercício inútil que jamais obteria credibilidade. Éumenes, como secretário real, teria sido o autor deste diário oficial. Os argumentos de Hammond não alcançaram aceitação. Bosworth (1971b) propõe uma nova solução, sugerindo que o documento é genuíno – pela mão de Éumenes – mas não é oficial. Defende que a referência a Sarapis não podia estar presente num documento forjado mais tarde, uma vez que naquela altura o culto a Sarapis estava tão desenvolvido que uma assimilação ao babilónio Bel-Marduk seria impossível, embora numa fase anterior Sarapis possa ter sido utilizado como um equivalente grego para o deus babilónio. Sugere que o documento faz parte da propaganda de guerra associada aos dias imediatamente após a morte de Alexandre, concebido para contrariar quaisquer suspeitas de envenenamento. O trabalho de Éumenes (cuja carreira posterior foi ligada ao regente Perdicas) seria de futuro um meio para fortalecer as reinvidicações daqueles que herdaram de facto a autoridade de Alexandre. Esta é uma explicação subtil e atraente, mas tal como acontece com tantos assuntos cruciais, é pouco provável que daqui venha a emergir uma resposta definitiva.

De qualquer dos modos, o relato de Arriano é o mais sério de que dispomos sobre a morte de Alexandre. A questão da causa da sua morte tem naturalmente ocupado os historiadores desde o momento em que aconteceu. O significado da história é o de que, tal como com Hefés-tion, uma ingestão excessiva de vinho foi a causa principal. Uma possibilidade igualmente provável é a de que Alexandre possa ter contraído malária nos pântanos do Tigre (tal como com Heféstion, pode ter acontecido o mesmo durante a sua estada em Ópis). A sua constituição enfraqueceu indubitavelmente devido às suas inúmeras feridas e campanhas difíceis. A letargia em que caiu na Babilónia pode também ter sido um sinal de doença.

Mas seria talvez inevitável que a sua morte fosse, em breve, atribuída aos efeitos de veneno. Esta história, que é mencionada em todas as fontes (por exemplo, Cúrc. 10.10.14), é aprofundada no *Romance de Alexandre* e mais tarde desenvolvida na obra *Liber de Morte Alexandri* (uma obra latina não anterior ao século IV d.C., mas usando fontes mais antigas a esta data: Heckel 1988). Nesta versão, Antípatro era o perpetrador; tinha medo de Alexandre e detestava Olímpia e aproveitou uma oportunidade para se ver livre dele. Enviou o veneno pelas mãos do seu filho Cassandro, que tinha conduzido a embaixada grega até Babilónia pouco tempo antes, e que tinha vivido um encontro bastante aterrorizador com o rei, de maneira que nunca mais depois disso pôde ver uma estátua dele sem começar a tremer. Diz-se que o veneno fora administrado por Iolas, o irmão de Cassandro, como portador da taça. Segundo o *Romance de Alexandre*, Alexandre sofria de dores tais que se atirou ao rio para acabar de vez com a vida e foi apenas salvo por Roxana que veio a correr atrás dele. Arriano faz referência a estes pormenores e a história do envenenamento é contada de uma maneira geral por todos os historiadores (embora em Cúrcio a narrativa da morte tenha desaparecido). Diodoro afirma que esta versão só se tornou corrente depois da morte de Cassandro em 297; talvez tenha sido levantada por Jerónimo de Cárdia, cuja história ia desde a morte de Alexandre até cerca de 263 a.C. Em 317 a.C., Olímpia, tendo ajudado Polipercon a manter o controlo da Macedónia contra Cassandro, mandou matar o irmão deste, Nicanor, e destruiu o túmulo de Iolas, com o pretexto de vingar a morte de Alexandre (Diod. Sic. 19.11.8). Mas este é o máximos dos indícios sobre envenenamento, e é mais provável que a morte de Alexandre tenha ocorrido por motivos naturais.

A sua morte criou problemas enormes. O seu império começou de imediato a entrar em colapso. Uma revolta dos habitantes gregos da Báctria conduziu ao estabelecimento de um reino independente nessa região. Os Gregos revoltaram-se imediatamente contra Antípatro: o seu motim levou à Guerra Lamíaca que durou durante o Inverno de 323/322. O grande problema era o da sucessão. Alexandre morrera sem deixar um herdeiro, embora Roxana estivesse grávida e tivesse dado à luz uma criança em Agosto de 323. Foi-lhe dado o nome de Alexandre IV e este criou uma co-regência com o meio-irmão deficiente mental Filipe III Arrideu. Mas era óbvio que o poder estava noutro lado. Alexandre fracassara em garantir um sucessor e as suas últimas palavras foram admiravelmente inúteis.

> Mais tarde, cansado da vida, tirou o seu anel e entregou-o a Perdicas [que de facto havia sucedido a Heféstion como preferido]. Os seus amigos perguntaram-lhe «a

quem deixas o teu reino?» e ele respondeu «ao mais forte». Acrescentou, e estas foram as suas últimas palavras, que todos os seus principais amigos iriam realizar um grande concurso em honra do seu funeral.

(Diod. Sic. 18.117.4)

Na prática, Perdicas assumiu o comando na Babilónia e Antípatro na Macedónia. Cratero tinha também um papel obscuro na Macedónia (embora não afrontasse Antípatro) mas morreu em 321. Perdicas executou alguns 30 macedónios que se opuseram, bem como um tal de Meléagro, que realizou uma tentativa de golpe de estado favorecendo Arrideu e enviou Píton para subjugar os rebeldes bactrianos. Éumenes, o secretário do rei (um grego), que controlava os documentos do Estado, juntou-se a Perdicas. Este tornou-se guardião dos reis, mais tarde cedendo este cargo a Polipercon. Em 317, a mulher de Arrideu desafiou Polipercon; ela e o seu marido foram mortos de imediato. Cassandro sucedeu ao governo de Antípatro na Macedónia. Ptolomeu fez de si próprio senhor do Egipto e afastou uma invasão (321) de Perdicas, que foi morto na campanha. Um entendimento temporário entre as facções rivais em Triparadeisus em 320 não durou. Antígono, o chefe da Ásia Menor, fez de si próprio senhor da Ásia, que em 306 fora dividida, ficando para ele a parte a ocidente do Eufrates (excepto a Trácia, que ficou para Lisímaco), enquanto as cidades do oriente se tornaram o reino de Seleuco. As guerras dos sucessores foram, em teoria, concluídas na batalha de Ipso em 301, mas o império mundial nunca mais voltara a ser reunido.

Estes acontecimentos fornecem o contexto para vários documentos problemáticos que circularam pouco depois da morte de Alexandre, nomeadamente o seu «Testamento» e os seus «Últimos Planos». O Testamento está guardado no *Romance de Alexandre* (3.32). É apresentado dirigindo-se ao povo de Rodes e assim trai a sua origem como peça de propaganda apoiando o caso dos habitantes de Rodes após a expulsão destes do posto militar macedónio depois da morte de Alexandre. Mas também contém muitos mais pormenores acerca da divisão do império entre os vários comandantes – Cratero na Macedónia, Ptolomeu no Egipto, Perdicas e Antígono na Ásia, Lisímaco na Trácia, bem como as disposições nas cidades do leste e a nomeação de Arrideu como rei-adjunto do filho de Roxana, se fosse do sexo masculino. Um pormenor surpreendente é a atribuição da Ilíria a Holkias. Uma análise subtil a este documento feita por Waldemar Heckel (1988) concluiu que partiu do círculo de Polipercon, mas uma análise magistral feito por Bosworth (2000) mostra que todos os seus tópicos favorecem em grande a causa de Ptolomeu. O obscuro Holkias, noutros aspectos, pode ser o autor do «Testamento».

Mas questões mais importantes são levantadas nos «Últimos Planos» de Alexandre.

> Cratero [...] recebera instruções por escrito que o rei lhe havia dado para fazer; no entanto, após a morte de Alexandre, parecia melhor para os sucessores não levarem a cabo estes planos.
>
> (Diod. Sic. 18.4.1)

O primeiro ponto consistia na conclusão da pira de Hefèstion, mas depois a comunicação, alegadamente, seguia no sentido de propor a construção de 1000 barcos de guerra para uma campanha contra Cartago; a construção de uma estrada ao longo da costa da Líbia até aos Pilares de Hércules (Estreito de Gibraltar); a construção de templos em Delos, Delfos, Dodona e Ílio, e em Dium, Anfipolis e Cirno e a transferência das «populações da Ásia para a Europa e vice-versa, de maneira a trazer os maiores contingentes para uma união comum e para uma proximidade amigável através de casamentos entre elas e laços de família» (Diod. Sic. 18.4.5). Devia ser construído um túmulo para Filipe para igualar as pirâmides do Egipto.

W. W. Tarn rejeitou estes «planos» como sendo uma fraude, com excepção do templo em Ílio e da pira de Hefèstion, que são mencionados de modo independente. Os académicos mais recentes, nomeadamente Schachermeyr, Badian e Bosworth, num regresso ao ponto de vista de Wilcken, defenderam a aceitação destes «Últimos Planos» como uma comunicação genuína de Alexandre. Nenhuma das propostas parece pouco plausível como reflexo do estado psicológico de Alexandre nos seus últimos dias.

Um ponto importante, o transporte dos povos, foi utilizado no último século por académicos alemães para sustentar a ideia de que Alexandre sonhava com a conquista do mundo. Tarn, apesar de acreditar que Alexandre tinha a ideia da Irmandade entre os Homens, rejeitou este corolário da sua crença. Contudo, é possível imaginar que tais ideias eram pelo menos concordantes com as próprias ambições de Alexandre, e havia antecedentes assírios e persas para o procedimento. Os outros pontos podem estar distorcidos mas não precisam de ser rejeitados. O argumento de Tarn de que Alexandre não podia ter pensado em construir uma estrada militar, porque os romanos foram os primeiros a construir tais estradas, é particularmente débil, e uma campanha até aos Pilares de Hércules e mais além iria ao encontro das ambições de conquista do mundo.

A questão que se levanta, se os «planos» são genuínos, é a maneira como foram apresentados. Tarn pensou que Diodoro confundira um documento forjado preparado por Perdicas para assegurar que os «planos» fossem efectuados com as ordens reais e mais limitadas dadas a Cratero devido à sua chegada à Macedónia. Porém, Badian sugere que Perdicas, apesar de querer a anulação destes grandiosos planos, também queria impedir que Cratero chegasse à Macedónia: assim, incluiu ordens destinadas a Cratero nos planos que apresentou à assembleia para serem rejeitados.

Assim, os «Últimos Planos» dizem-nos algo sobre as ambições de Alexandre, mas a maneira como foram apresentados por Perdicas diz-nos mais sobre a luta pelo poder que se seguiu à morte de Alexandre.

Podemos concluir a história com a apropriação temporária do poder de Alexandre por parte de Perdicas e o abandono das ambições futuras de Alexandre em relação à conquista do mundo. O Império Macedónio tinha entrado numa fase nova e separatista.

O próprio corpo de Alexandre tornou-se um objecto imediato de rivalidade e símbolo de poder. Foi preparado um jazigo enorme, que começou o seu trajecto lento pela Ásia para levar o corpo embalsamado até ao túmulo dos reis macedónios em Egeia. (Cúrcio, 10.5.4 afirma que Alexandre havia expressado o desejo, enquanto moribundo, de ser enterrado em Siva, mas tal não iria acontecer.) Foi em breve desviado por Ptolomeu, já a estabelecer o seu poder no Egipto e redireccionado para Mênfis. Mais tarde, acabou em Alexandria. Os imperadores romanos visitaram o seu túmulo nesta cidade como Alexandre visitara o de Aquiles em Tróia. Como a profecia de Sarapis no *Romance* «profetizou» (1.33).

> *Deverás viver nela,*
> *por toda a vida, morto e ainda vivo.*
> *A cidade que construíste será o teu túmulo.*

# 9

# CONCLUSÃO

Este livro começou por sugerir que a vida de Alexandre fora a força motriz para a expansão do helenismo por toda a zona do oeste do Mediterrânio e o Próximo Oriente, e que assim os seus feitos forneceram a matriz na qual o Império Romano, a Cristandade e outros elementos essenciais da civilização ocidental puderam construir o seu caminho. Espero que a narrativa e a análise feitas ao longo do livro tenham mostrado que tais perspectivas grandiosas estavam longe da imaginação de Alexandre e que os seus próprios objectivos e ambições eram muito diferentes. É altura para ligar os pontos e para confrontar esses objectivos e ambições com o seu legado real.

O capítulo anterior abrangeu os «Últimos Planos» de Alexandre. Na crença, corrente hoje em dia entre a maioria dos académicos, de que representam planos genuínos de Alexandre, podemos deduzir que a sua megalomania estava a aumentar. Chegou a acreditar, de algum modo, na sua própria propaganda, que fez dele filho do deus Ámon e, possivelmente, um ser divino ele mesmo. Levado por esta forma sublime de auto-confiança (e ele nunca fora, em qualquer altura da sua vida, pouco confiante), foi-se tornando cada vez mais impaciente na execução dos seus fins. A deslealdade era imediatamente punida, mas a corrupção e a especulação eram tratadas com informalidade desde que a lealdade do perpetrador não estivesse em dúvida. Oportunista e flexível, Alexandre fora tão rápido em perder as suas conquistas na Índia como o fora ao ganhá-las, abandonando-as quando já não ameaçavam a sua posição. A Babilónia e o Irão tornaram-se os centros do seu império, mas que tipo de império seria aquele?

A administração nunca estava ao seu gosto e a observação de Augusto de que Alexandre, surpreendentemente, pouco fizera para colocar em ordem o vasto império que ganhara diz muito. O estado mental do rei parece ter sido estranho nos seus últimos meses de vida. Para além da sua megalomania, já estava talvez doente com o problema que lhe tirou a vida e padecia de uma subsequente letargia mental. A única actividade que podia conceber como merecedora da sua auto-imagem era mais conquistas. Os preparativos para a invasão da Arábia já estavam em fase avançada e não parece descabido pensar que já tinha planos para conquistar o Oeste – a Itália e Cartago e talvez mais além. Os Italianos e os Cartagineses acreditavam piamente nisso.

Em termos objectivos, parece inevitável que um império baseado puramente numa conquista militar rápida não conseguiria manter-se unido. Era desejo de Alexandre ter os seus sátrapas a prestar-lhe lealdade. Não estava interessado na imposição de um estilo uniforme de governação ao seu império e as terras gregas foram praticamente esquecidas. Era inevitável que um império assim entrasse em colapso quando a sua personalidade forte se retirasse. Mais, o facto de nada ter feito para designar um sucessor reforçou esta inevitabilidade. Parece mesmo que ele pode ter gostado da ideia de que a sua morte levaria à dissolução do seu trabalho: prova deste facto foi o seu comentário para que os seus sucessores fizessem um concurso enorme no seu funeral sobre o seu corpo e o seu alegado pedido no leito de morte de que o seu reino fosse entregue «ao mais forte». Os anos confusos das guerras dos sucessores, que culminaram com a batalha de Ipso em 301, e o consequente desenvolvimento de várias monarquias helénicas distintas, conduziram a um mundo muito diferente daquele do aventureiro.

Mas era um mundo que falava grego. Mais, todos os reis sucessores veneravam a memória de Alexandre como o seu fundador. Todas as moedas eram cunhadas com a sua imagem. Surgiu uma lenda em torno de Seleuco – uma «história de Seleuco», na expressão de P. M. Fraser (1996.36) – que atribuía Seleuco como um sucessor de Alexandre divinamente nomeado: pois havia sido ele quem nadara para reaver o chapéu de abas que havia voado da cabeça de Alexandre e que o colocara na sua. Ptolomeu tinha no Egipto a vantagem de ter o corpo de Alexandre ao dispor como um documento legitimador da sua autoridade.

A Macedónia é muitas vezes ignorada no contexto destes impérios mais vastos. Vejamos primeiro o legado que deixou na sua própria terra. Num artigo provocador intitulado «Alexandre o Grande e o declínio da Macedónia», Bosworth (1986) prestou atenção ao efeito desastroso das conquistas de Alexandre no domínio macedónio. Juntamente com a força expedicionária inicial, formada maioritariamente por macedónios, houve várias ondas de reforços, de maneira que antes dos acontecimentos em Ópis ainda havia 18 000 macedónios na infantaria – mais do que a expedição original. Bosworth calcula que provavelmente 40 000 homens se juntaram ao exército de Alexandre da Macedónia durante os onze anos da sua expedição. Muitos foram mortos; mais ainda foram colocados em colónias tão distantes como a Báctria; poucos regressaram a casa. É inevitável que a população tenha diminuído e, nessas circunstâncias, não é surpreendente que Alexandre tenha organizado um treino macedónio para um grande número de jovens persas. Esta não era uma mistura de culturas, mas simplesmente uma tentativa para produzir uma força poderosa de lutadores do género de que ele necessitava. Nada podia indicar mais claramente a natureza essencialmente pragmática – para não dizer cruel – das acções de Alexandre. A Macedónia foi negligenciada para alimentar a sua própria ambição. Deixou aos seus herdeiros um reino muito enfraquecido, de maneira que é verdadeiramente admirável que a Macedónia tivesse sido capaz de se tornar de novo uma força militar significativa no Mediterrâneo antes da sua derrocada final pela máquina militar romana no início do século II a.C.

Se sairmos agora da Macedónia para o resto do mundo, podemos ver que, embora estivesse longe da intenção de

Alexandre misturar culturas por algum motivo altruísta ou filosófico, foi esse mesmo o resultado final. Tal aconteceu em proporções diferentes, em níveis diversos, em partes distintas do império. A Grécia, com as suas tradições culturais fortes, praticamente não sofreu qualquer influência do império. As cidades-estado continuaram a ser governadas sob os costumes macedónios, embora tivessem que se habituar a honrar os «Amigos Reais». O mesmo também se aplica no geral às cidades gregas da Ásia Menor, que puderam continuar a ser «cidades independentes» sob o poder relativamente fraco de Antígono e depois de Lisímaco. Algumas das cidades prosperaram de maneira incrível, nomeadamente Pérgamo, que desenvolveu uma cultura literária e artística que rivalizava com a da própria Alexandria. Quando o último rei atálida de Pérgamo legou o seu reino a Roma, o destino da restante Ásia Menor estava também traçado.

Mais para este, o reino selêucida, que veio a ter o seu centro na Síria, mostrou ser relativamente duradouro, apesar de constantes guerras territoriais com o Egipto ptolomaico no qual a Judeia-Palestina em particular foi encurralada entre os dois reinos. Seleuco herdou a maioria dos territórios iranianos, mas teve mais impacto nas terras a oeste do Eufrates, fundando muitas cidades, frequentemente com o seu próprio nome (como Seleuceia) ou com nomes de parentes seus (Apameia) ou com os de cidades macedónias (Edessa, Europus, Berroeia); mas provavelmente chamou a muitas das suas cidades Alexandria, fornecendo assim uma fonte de confusão para os historiadores posteriores que encararam estas cidades como tendo sido fundações do próprio Alexandre.

O Egipto de Ptolomeu foi o mais ilustre e duradouro dos impérios sucessores, mantendo uma dinastia ininterrupta até à conquista de Augusto de António e Cleópatra (a última rainha ptolomaica) em 31 a.C. Alexandria, em grande parte como resultado do património cultural de Ptolomeu II, tornou-se um centro de literatura e de arte. A Biblioteca em Alexandria era a maior do mundo e continha um vasto número de bibliotecários-académicos que eram também o centro de um renascimento literário. A literatura judaica também floresceu nesta cidade. As escrituras judaicas foram traduzidas para grego e muitos outros autores judeus, baseados no Egipto, escreveram obras de História, Filosofia ou Poesia em grego. Este facto representou o primeiro cruzamento fértil de culturas, resultando das conquistas de Alexandre (embora os gregos estivessem menos preparados para ouvir dos judeus do que o contrário). O historiador egípcio Maneto também escreveu em grego, tal como o fez o historiador babilónio Berosso. Como iremos ver, o *Romance de Alexandre*, que levou a lenda de Alexandre até à Idade Média, foi totalmente escrito em Alexandria.

Um legado das conquistas de Alexandre menos duradouro, mas talvez ainda mais dramático, foi o reino grego da Báctria. A sua sociedade tribal sofreu mais turbulência em resultado da conquista do que qualquer outra parte do império. Foram fundadas várias cidades na região e foram formados postos militares para formar uma elite governativa. Os príncipes nativos e os chefes foram deixados com relativamente pouco poder. Nem todos os gregos e macedónios gostavam disso na Báctria; ao receber as notícias da morte de Alexandre, um grande grupo decidiu abandonar o local onde vivia para regressar à terra natal. Seriam dissuadidos por Perdicas e o método que usou foi o massacre. Aqueles que sobreviveram desenvolveram uma civilização grega própria.

A história do reino de Báctria que se afastou do poder Selêucida em meados do século III é conhecida apenas por referências soltas e através da sua magnífica cunhagem de moedas. Os seus recursos minerais fizeram com que prosperasse sob o governo do rei Diodoto e dos seus sucessores que também controlavam as regiões da Ásia Central até Fergana. Em cerca de 187, o rei Demétrio, moldando-se à imagem de Alexandre, dirigiu uma invasão à Índia. O mais glorioso dos reis bactrianos era Menandro (meados do século II) que governava regiões ao norte da Índia e era também um considerável patrono da cultura. Uma relíquia importante deste período é a extensa obra iniciática budista, *Perguntas do Rei Milinda*. Milinda é o rei grego Menandro e a obra consiste nas questões formuladas por ele a um sábio, cujas respostas constituem uma sinopse completa dos ensinamentos budistas.

Com o tempo, o estilo grego misturou-se com as tradições nativas do budismo para produzir um florescimento admirável na forma da arte religiosa de Gandhara. Aqui, pela primeira vez, as histórias de Buda e as várias posturas de meditação do Mestre foram retratadas em esculturas, e o estilo deve muito ao humanístico e naturalista da arte grega clássica. Proporção, postura, expressão – são todos elementos gregos, apesar da adaptação às diferentes fisionomias do Noroeste da Índia. Não há dúvidas de que os artistas gregos, ou formados por gregos, produziram isto, a testemunha mais visível do impacto da civilização grega no subcontinente indiano.

O reino acabou em meados do século I d.C., mas deixou raízes fortes o suficiente para príncipes no século XIX afirmarem orgulhosos que eram descendentes de Alexandre, o Grande. (Estas crenças são a fonte principal da imaginativa história de Kipling, *O Homem que Queria Ser Rei*, acerca de um soldado inglês que se faz passar aos nativos como a reencarnação de Alexandre.)

Por fim, temos de regressar ao impacto de Alexandre nos espíritos dos gregos e romanos. Desde tempos remotos, a sua aptidão como comandante alcançou um vasto reconhecimento: alguns historiadores gregos, que o escritor romano Tito Lívio caracterizou como «*levissimi ex Graecis*» (os mais triviais de entre os gregos), declararam que podia ter certamente conquistado Roma se tivesse tentado. A primeira ocorrência do seu cognome «o Grande» surge no comediógrafo Plauto (254-184 a.C.) e, presumivelmente, já era uma realidade bem antes dele.

Mas Alexandre também surge em muitos episódios como um homem inteligente ou sábio. A personagem famosa tornou-se «exemplo útil». Se também alguns episódios se centram na sua crueldade ou na sua ebriedade, estes são considerações sobre ele como pessoa, e não como um chefe. Foi deixado para os tempos modernos a apreciação de Alexandre como um político e um chefe, quer virtuoso (Tarn) quer cruel e inadequado (Worthington). Mesmo os filósofos antigos consideravam Alexandre apenas do ponto de vista da filosofia moral, e muito raramente sob o aspecto político.

O impacto de Alexandre na filosofia moral foi no entanto considerável. Já foi mencionada a obra de Onesícrito e os desenvolvimentos associados à história do encontro de Alexandre com os «filósofos nus» em Taxila. Esta história envolveu Alexandre na tradição filosófica cínica. Nesta história, Alexandre tornou-se uma figura algo positiva, alguém que busca a verdade e a simplicidade, enquanto na outra grande história cínica sobre Alexandre, sobre o seu encontro com Diógenes, o «fundador» da escola cínica, é representado como um tirano incorrigível.

Outras escolas filosóficas mostraram interesse por Alexandre como um exemplo. Era costume pensar-se, em grande parte como resultado da obra de Tarn, que havia uma visão «peripatética» identificável de Alexandre, derivando da obra hostil de Calístenes, o sobrinho de Aristóteles, o fundador dos peripatéticos (assim chamados a partir do Peripatos onde caminhavam – *peripatein* – enquanto mantinham conversas filosóficas). Mais tarde os académicos descobriram que não havia uma tal visão filosófica monolítica de Alexandre.

Os estóicos (assim designados a partir do *stoa* ou pórtico onde mantinham as conversas) também tinham interesse em Alexandre. Surge superficialmente em grande parte nas obras dos escritores romanos como Cícero e Séneca, que estavam a basear-se nas obras gregas agora perdidas (no caso de Cícero, o polímato Possidónio, c. 135 – c. 51 a.C.). Aqui também não é possível identificar um «visão» única representada por estes escritores, mas há uma ênfase considerável em Alexandre como o tirano, escravo do seu orgulho – e mesmo do seu desejo – e corrompido pela sua própria sorte. Assim, Plutarco, que admirava Alexandre, escreveu os seus dois ensaios «Sobre a fortuna de Alexandre» para disputar tais interpretações. Tem de ser lembrado que Arriano, o maior e o mais idóneo dos historiadores de Alexandre, era ele próprio um filósofo estóico e o autor de várias obras filosóficas.

Estas preocupações filosóficas em relação a Alexandre como um exemplo «ideal» de comportamento extremo mantiveram a sua reputação viva ao longo da Antiguidade e até do Cristianismo. Mas a par desta hostilidade filosófica para com Alexandre, e a sua caracterização como um paradigma de maldade por parte de alguns autores cristãos, que desenvolveram largamente as objecções estóicas em relação ao seu carácter, havia um segundo padrão que pode ser visto como um género de hagiografia. Tal foi representado pelo *Romance de Alexandre*, que foi certamente escrito em Alexandria (devido à sua ênfase nas lendas da fundação da cidade) e é provavelmente uma obra de menos de um século após a morte de Alexandre. Combinava um número de tradições alexandrinas existentes – um romance epistolar sobre as suas conquistas, descrições das terras exóticas que visitou, documentos da guerra da propaganda que se seguiu à sua morte, uma lista das cidades que fundou e um repertório em permanente expansão das suas histórias fantásticas – para criar uma narrativa que, tendo sido constantemente reescrita ao longo dos séculos (existem cinco versões gregas bastante diferentes, para não falar das versões gregas medievais e modernas, e quatro latinas) e foi traduzida para 37 línguas tanto ocidentais como orientais (desde o sírio, arménio, etíope e hebraico – cinco versões – até ao sérvio antigo, islandês e irlandês), levou o nome de Alexandre a todas as culturas da Europa e do Médio Oriente. O que é realmente fascinante acerca do texto é a maneira como a figura de Alexandre se torna proteica: serve para emblematizar as preocupações e as ansiedades dominantes da cultura anfitriã e para se tornar numa espécie uma personagem diferente consoante o autor. Desta forma, a sua reputação e influência sobreviveram até aos feitos históricos mais admiráveis que este livro teve como objectivo resumir.

# ORIENTAÇÕES BIBLIOGRÁFICAS

Esta pequena bibliografia regista as obras mencionadas no texto desta obra e aquelas que conduzirão o leitor a um estudo mais aprofundado sobre o assunto. Não é uma tentativa de uma bibliografia completa sobre Alexandre. Podem ser encontradas bibliografias completas em Seibert (1972), que também contém uma análise da evolução do assunto tópico a tópico (em alemão), e em O'Brien (1992). Para uma relação geral e completa sobre Alexandre, destaca-se Bosworth (1988), Briant (2003, pp. 693-876), Lane Fox (1973). Worthington (2003a) é uma selecção de vários artigos importantes e também inclui uma tradução dos fragmentos dos historiadores da Antiguidade. As principais fontes antigas (Arriano, Cúrcio, Diodoro, Plutarco) estão todas disponíveis na Loeb em edições bilingues e todas, com excepção de Diodoro, estão também na Penguin.

O *Romance de Alexandre* está disponível na Penguin, mas não na Loeb.

BADIAN, E. (1958), «Alexander the Great and the unity of mankind», *Historia* 7: 425-4.4.

BADIAN, E. (1960), «The death of Parmenio», *TAPA* 91: 324-38.

BADIAN, E. (1961), «Harpalus», *JHS* 81: 16-43.

BADIAN, E. (1965), «The date of Clitarchus», *PACA* 8: 5-11.

BADIAN, E. (1976), «Some recent interpretations of Alexander», *Entretiens Hardt* 22: 279-311.

BADIAN, E. (1981), «The deification of Alexander the Great», in *Ancient Macedonian Studies in Honor of Charles F. Edson*, ed. H. Dell. Thessaloniki.

BADIAN, E. (1996), «Alexander the Great between two thrones and Heaven: variations on an old theme», in *Subject and Ruler: Journal of Roman Archaeology Supplement*, n.º 17, ed. Alastair Small.

BADIAN, E. (2000), «Darius III», *Harvard Studies in Classical Philology* 100 (2000), 241-265.

BAGNALL, R. S. (1979), «The date of the foundation of Alexandria», *AJAH* 4:46-9.

BAYNHAM, E. J. (1998), *Alexander the Great: the unique history of Quintus Curtius*. Ann Arbor, Michigan.

BORZA, E. M. (1981), «Anaxarchus and Callisthenes. academic intrigue at Alexander's court», in *Ancient Macedonian Studies in Honor of Charles F. Edson*, ed. H. Dell. Thessaloniki. Reimpresso in Borza, *Makedonika*, ed. Carol G. Thomas. Claremont, Calif, 1995.

Borza, Eugene (1992), *In the shadow of Olympus: the emergence of Macedon.* Princeton.

Bosworth, A. B. (1971a), «Philip II and Upper Macedonia», *CQ* 21: 93-105.

Bosworth, A 8. (ig7ib), «The death of Alexander the Great: rumour and propaganda», *CQ* 21: 112-36.

Bosworth, A. B. (1977), «Alexander and Ammon», in *Greece and the Ancient Mediterranean in History and Prehistory: Studies Presented to Fritz Schachermeyr,* ed. K. Kinzl. Berlin.

Bosworth, A. B. (1986), «Alexander the Great and the decline of Macedon», *JHS* 106: 1-12.

Bosworth, A. B. (1988), *Conquest and Empire: The Reign of Alexander the Great,* Cambridge.

Bosworth, A. B. and E. J. Baynham (eds) (2000), *Alexander the Great in Fact and Fiction.* Oxford.

Briant, P. (2002), *From Cyrus to Alexander: a history of the Persian Empire.* Winona Lake, Indiana.

Brunt, A. B. (1976 and 1983), *Arrian: History of Alexander and Indica,* Loeb Classical Library, Vols. I e II.

Cawkwell, G. L. (1978), *Philip of Macedon.*

Droysen, J. G. (1952), *Geschichte des Hellenismus I: Geschichte Alexanders des Grossen,* 2.ª ed., Gotha, 1877, 3.ª ed., Basel.

Ehrenberg, V. (1938), *Alexander and the Greeks.* Oxford.

Engeis, D. W. (1978), *Alexander the Great and the Logistics of the Macedonian Army* Berkeley, Calif.

FOSS, C. (1977), «The battle of the Granicus: a new look», *Ancient Macedonia* 2 (Thessaloniki), 495-502.

FRASER, P. M. (1996), *Cities of Alexander the Great*. Oxford.

GREEN, Peter (1974), *Alexander of Macedon*. Harmondsworth; reimpressão Berkeley, Calif., 1991.

GRIFFITH, G. T. (1966) (ed.), *Alexander the Great: The Main Problems*. Cambridge.

HAMILTON, J. R. (1969), *Plutarch: Alexander a commentary*. Oxford.

HAMILTON, J. R. (1971), «Alexander and the Aral», CQ 21: 106-11.

HAMMOND, N. G. L. (1983), *Three Historians of Alexander the Great*. Cambridge.

HAMMOND, N. G. L. (1988), «The Royal Journals of Alexander the Great», *Historia* 37: 129-50.

HAMMOND, N. G. L. (1993), *Sources for Alexander the Great*. Cambridge.

HECKEL, Waldemar (1988), *The Last Days and Testament of Alexander the Great*. Estugarda.

HECKEL, Waldemar (1992), *The Marshals of Alexander's Empire*. Londres.

HECKEL, Waldemar (2002), *The wars of Alexander the Great, 336-323 BC*. Londres.

HECKEL, Waldemar and J. C. Yardley (2004), *Alexander The Great. Historical Sources in Translation*. Oxford: Blackwell.

HOLT, Frank L. (2003), *Alexander the Great and The Mystery of The Elephant Medallions*. Berkeley.

LANE FOX, Robin (1973), *Alexander the Great*. Londres.

O'BRIEN, J M (1992), *Alexander the Great: the invisible enemy*. Londres: Routledge.

PALAGIA, Olga (2000), «Hefestion's Pyre and the Royal Hunt of Alexander», in Bosworth & Bayrham 2000, 167-206.

PEARSON, Lionel (1960), *The Lost Histories of Alexander the Great*. Nova Iorque.

PRICE, M. J. (1991), *The Coinage in The Names of Alexander the Great and Philip Arrhidaeus*, 2 vols. Londres.

PRICE, S. R. F. (1984), *Rituals and Power: The Roman Imperial Cult in Asia Minor*. Cambridge.

ROBINSON, C. A. (1953, 1963), *The History of Alexander the Great*, 2 vols. Providence, RI.

ROISMAN, Joseph (ed.) (2003), *Brill Companion to Alexander the Great*. Leiden: Brill.

SCHACHERMEYR, F. (1940), *Indogermanen und Orient*. Viena.

SCHACHERMEYR, F. (1973), *Alexander der Grosse: das Problem seirier Persönlichkeit und seines Wirkens*. Viena.

SEIBERT, Jakob (1972), *Alexander der Grosse: Ertrüge der Forschung*. Darmstadt.

STEIN, Sir Aurel (1929), *On Alexander's Track to the Indus*. Londres

STEWART, Andrew (1993), *Faces of Power Alexander's Image and Hellenistic Politics*. Berkeley, Calif.

STONEMAN, Richard (1991), *The Greek Alexander Romance*. Harmondsworth.

STONEMAN, Richard (1994), *Legends of Alexander the Great*. Londres.

STONEMAN, Richard (1995), «Naked philosophers: the Brahmans in the Alexander historians and the *Alexander Romance*», *JHS* 115:99-114.

TARN, W. W. (1948), *Alexander the Great*, I-II. Cambridge.

TOD, M. N. (1948), *A Selection of Greek Historical Inscriptions vol II: from 403 to 323 BC*. Oxford.

WELLES, C. B. (1962), «The discovery of Sarapis and the foundation of Alexandria», *Historia* 11: 271-98.

WILCKEN, Ulrich (1923), «Alexander der Grosse und die indischen Gymnosophisten», *Sb. Akad Berlin, ph.-his: klasse*, 150-83.

WILCKEN, Ulrich (1967), *Alexander the Great*, translated with introduction, notes and bibliography by E. N. Borza. New York. A edição alemã original foi publicada em 1922.

WORTHINGTON, Ian (1984), «The first flight of Harpalus reconsidered», *Greece and Rome* 31: 161-9.

WORTHINGTON, Ian (2003), *Alexander the Great: a reader*. Londres: Routledge.

WORTHINGTOFL, Ian (2004), *Alexander the Great: The Perversion of Power*. Londres: Longman.

# ÍNDICE REMISSIVO

# ÍNDICE DE IMAGENS E MAPAS

*Imagens*

*Mapas*



*Planos de batalhas*

# ÍNDICE